ZO設計室
柿沼整三・伊藤教子 共著

設備設計
スタンダード
図集

建築設備の極意を伝授！

Ohmsha

本書を発行するにあたって，内容に誤りのないようできる限りの注意を払いましたが，本書の内容を適用した結果生じたこと，また，適用できなかった結果について，著者，出版社とも一切の責任を負いませんのでご了承ください．

本書は，「著作権法」によって，著作権等の権利が保護されている著作物です．本書の複製権・翻訳権・上映権・譲渡権・公衆送信権（送信可能化権を含む）は著作権者が保有しています．本書の全部または一部につき，無断で転載，複写複製，電子的装置への入力等をされると，著作権等の権利侵害となる場合があります．また，代行業者等の第三者によるスキャンやデジタル化は，たとえ個人や家庭内での利用であっても著作権法上認められておりませんので，ご注意ください．

本書の無断複写は，著作権法上の制限事項を除き，禁じられています．本書の複写複製を希望される場合は，そのつど事前に下記へ連絡して許諾を得てください．
出版者著作権管理機構
（電話 03-5244-5088，FAX 03-5244-5089，e-mail：info@jcopy.or.jp）

JCOPY ＜出版者著作権管理機構 委託出版物＞

はじめに

　とんでもない題の本です．一設備設計事務所が手がけた設備図面をまとめ，設備設計スタンダード図集と名づけました．もともとは出版社からの提案でしたが，そこから，果たして自分の設計はスタンダードなのだろうか，若い設計者にとって有益な情報を提供できるのだろうか…．そう悩みながら，迷いながら，原稿を書き進めてきました．

　著者名の前には，ZO設計室と付けてあります．もしかすると，ZO設計室のスタンダード集とも捉えることができるかもしれない．ZO設計室は建築設備設計専業事務所なので，その社内でのスタンダードと考えれば，少しはまともに受け止めることができるかもしれない．そんなポジティブとも，楽観的ともとれる思い込みで奮い立ち，いまに至っています．

　そもそも建築設計図（意匠図）としてのスタンダードはあるのでしょうか？　これまでにさまざまな意匠図や構造図を見てきました．そして自分自身も何千枚もの設備図を描いてきました．それらの図面は個々の条件によってつくられた図面であり，スタンダードといえるものはどこにも見受けられません．しかし世の中を見渡してみると，マニュアルや手続きによって規制された範囲内での行為が求められる傾向にあり，それらを標準化する方向に力が強く働いています．つまり，ある種のスタンダード化といえます．設計行為（設計者）は，ともすればそのスタンダード化を避ける傾向にあります．それが設計行為の自由度を奪うことになると危機感をつのらせている方が多いからです．

　この本は標準化という意味でのスタンダード集ではないかもしれません．でも，自由な設計行為の中で格闘してきた先に，おぼろげながら見えてきた設備設計手法を，なるべく体系的にかつ客観的にまとめようとしたスタンダード集といえます．

　もしかすると，意匠設計者や構造設計者からは，設備設計者が普段どんなことを考えて設計しているか見えづらいかもしれません．彼らからは設備図面は何が描いてあるか把握しにくいといわれることがあります．そんな設備図面を読むことに気遅れしている方々にも，ぜひこの本を手に取ってほしいと思っています．きっと，少し謎が解けるかもしれません．

　そして何よりも，この本がこれから設備設計を行う若い設備設計者にとって，道標の一つになってくれればと心から願っています．

柿沼整三
（ZO設計室　代表取締役）

設備設計 スタンダード図集

CONTENTS

1 中規模オフィス・テナントビル TSビル

機械
- 排水計画は重力排水を基本とする —— 014
- 地下階は仕方なく機械排水 —— 016
- 湿式か乾式か —— 018

電気
- 電灯・電力を上手に分ける —— 022
- オフィスではコンセント容量大 —— 024
- 照明器具の設置方法と流行 —— 026
- 電信回線は標準設備数 —— 028
- 情報設備として位置づける —— 030
- 情報設備の選択肢（TV, TEL, LAN）—— 032
- 省力化される弱電設備 —— 034
- セキュリティ機器の調整 —— 036

2 小規模オフィス・店舗ビル NRビル

機械
- ガスか電気か —— 040
- 雨水は何に使うべきか —— 042
- マイクロ発電を採用したコージェネレーションシステム —— 044
- 制気口の形状 —— 046
- コージェネレーションの排熱温水を利用 —— 048

3 中規模マンション Y集合住宅

機械
- 同時使用流量は意外と小さい —— 052
- 給水方式は直結給水方式を軸に —— 054
- 土中配管には防食が必須 —— 056
- シックハウス換気は居室で必要 —— 058

電気
- 弾力供給・低圧2条引込の手法 —— 060
- 電力負荷に合わせた幹線計画 —— 062
- 引込開閉器盤の位置 —— 064

	照明器具の設置方法	066
	照明点灯方法でライトコントロール	068
	コンセントの用途	070
	回線数の計画は減少傾向とすべき	072
	TV共聴視設備	074
	電話，TV，LANの分岐	076
	ITV設備の使い方	078
	集合住宅用インターホンの活用	080
	非常放送設備の設置場所	082
	雷保護	084

4 高層マンション　CKマンション

機械	通気弁は片手落ち	088
	大規模建物の排水調整槽	090
	特別避難階段の附室と非常エレベータの乗降ロビー	092
	最上階にポンプを設置すると動力が小さくできる	094
	特別避難階段と連結放水口の位置	096

5 レストラン　SFT店

機械	テナント工事は工事区分に注意	100
	フード消火が必要となる消火設備	102
	4管式FCU方式で冷暖房が自由にできる	104
	吹出口・吸込口の風速	106
	排煙口は自由な形状も使える	108
	フード換気は第1種が必須	110
電気	照明器具の設置方法	112
	コンセントの用途	114
	テナント内の弱電設備はA工事へ	116

設備設計 スタンダード図集

CONTENTS

6 遊技場 BM店

機械
- メリットの多いパッケージエアコン —— 120
- 丸ダクトと角ダクトの納まり —— 122
- 空調機の原理はみな同じと心得よ —— 124
- 客数の変動に合わせて換気量を変動させる —— 126
- 衛生器具数は利用人員で算出する —— 128
- 2号消火栓より易操作1号消火栓が有利 —— 130

電気
- 受変電設備容量の考え方 —— 132
- 高圧受電の分界点と受電方式 —— 134
- 一敷地に二建物の場合の電力引込 —— 135

7 中規模公共建築 Y市公立図書館

機械
- 敷地を知る（上水道の有無，ガス設備の有無） —— 138
- 雨水を直接利用する雨水浸透 —— 140
- バイオマスボイラーとオイルボイラーを組み合わせる —— 142
- 天井高があるときは床下吹出空調方式 —— 144
- 吹出口と吸込口の位置は対角に —— 146
- 配管はリバースリターン，直接リターンのどれにすべきか —— 148
- クールチューブは地中熱を利用する —— 150
- 自動制御で省エネする —— 152

8 中規模工場 SK工場

機械
- 前面道路に水道本管がないときは新たに埋設する —— 156
- インフラが不十分なときは敷地内で処理 —— 158
- パッケージ消火は包含と歩行距離 —— 160
- 特殊排水処理施設はオーダーメイド —— 162
- 屋外機の系統分けは使用時間帯や使用状況で決定 —— 164
- 給排気を方位で分ければ完璧 —— 166

電気	キュービクルタイプの受変電設備は屋内外設置可能	168
	ハンドホールはセパレーターで強電弱電をまとめて収容	170
	総合盤の設置は警戒区域ごとに必要	172
	防爆仕様は強電だけではない	174

❾ 戸建て住宅 H邸

機械	太陽熱利用温水システムは利用可能熱量が多い	178
	部屋にガス栓を設けると余分に換気が必要	180
	住宅ではユニット化された太陽熱利用が便利	182
電気	照明負荷は少なくなっている	184
	敷地が狭い場合は架空引込が多い	186
	電流値は15A以下に抑える	188

凡例 機械設備

記号	名称	仕様
———・———・———	給水管	塩ビライニング鋼管　引込：SUS　土中：HIVP
———G———	ガス管	ガス会社仕様
———｜———	給湯管	耐熱性水道用耐衝撃性硬質ポリ塩化ビニル管（HTVP）
———PT———	給湯管（追焚き用）	被覆銅管（M）
———HR——— ———HS———	温水管	炭素鋼々管（白）
———————	排水管	排水用硬質ポリ塩化ビニル管（VP）　区画貫通部は耐火二層管
——— ——— ———	通気管	排水用硬質ポリ塩化ビニル管（VP）　区画貫通部は耐火二層管
	ベントキャップ（通気）	埋込型, 露出型　SUS製シルバー色
	小口径塩ビ桝	汚水桝, 雨水浸透桝, トラップ桝　塩ビ製蓋共
	汚水桝, 雨水桝	防臭MH, 鋳鉄MH　インバート仕上, 泥だめ150H以上
	トラップ桝, 集水桝	防臭MH, 鋳鉄製
	水栓, 混合栓	
	仕切弁, 逆止弁	直結はJIS 1MPa, 二次側はJIS 500kPa
	ガスコック	
	防振継手	球形（ゴム）, SUS（300L）
	排水目皿, 掃除口	A：非防水型, B：防水型
———R———	冷媒管	被覆銅管
———D———	ドレン管	硬質ポリ塩化ビニル管（VP）　区画貫通部は耐火二層管
	ダクト用換気扇	
	ベントキャップ	SUS製防音型（給気：防虫網付, 排気：防鳥網付）
	換気扇類	ウェザーカバー付
	スパイラルダクト	亜鉛鍍鉄板（厚さ0.5mm以上）
	断熱付スパイラルダクト	亜鉛鋳鉄板, 断熱材はロックウール（RW）50mm またはダンスリム（DS）20mm巻き相当
	スリーブキャップ	SUS製
	空気の流れ方向	ドアアンダーカット（10mm）（建築工事）
FD	防火ダンパー	ヒューズ作動温度：一般 72℃, 火気使用 120℃ 点検口300□設置（建築工事）
	減圧逆止弁	
	エア抜弁	
	区画貫通処理	

※仕様欄は計画内容により適宜変更する。

※建築設備の構造は建築基準法施行令第129条の2の4第2号，平成12年建告第1388号およびガス給湯器の固定方法は平成24年国土交通省告示第1447号の規定にしたがう．
※吐水口空間は，SHASE-S206-2000による．
※通気管の構造は，昭和50年建告第1597号第2第五号の規定に適合している．
※給水設備は，水道法第16条，同施行令第5条，省令の規定にしたがう．給水装置の構造および材質の基準に関する省令の規定にしたがう．
※下水道法第10条第1項に規定する排水設備は，同施行令第6条およびそれに基づく条例の規定にしたがう．
※区画貫通処理は，国土交通大臣認定工法にて行う．
※各住戸の給水メーター手前に減圧弁（二次側220kPa）を設ける．
※排水立管には掃除口を，各系統の最上階および中間階（15mごと）に設置する．
※排水立管（オフセット立管含む）は，すべて規定保温の上，遮音シート二重巻きとする．
※排水通気管は窓等開口部から水平距離3m以上，もしくは上部へ0.6m以上離すこと．
※ガス工事は建設省告示第1099号による．
※火気設備機器の周囲離隔距離は火災予防条例にしたがう．
※排水管の勾配は下記による．なお，排水管の径は排水器具負荷単位により算出する．

配管口径	勾配
75以下	1/50 以上
100, 125	1/100 以上
150	1/150 以上

防火区画を貫通する配管およびダクトは下記方法により区画貫通処理を行う

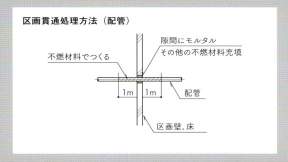

区画貫通処理方法（配管）

ただし，耐火二層管，冷媒管，硬質塩ビ管，架橋ポリエチレン管については下記の認定工法にて行う．
　耐火二層管（壁）：国土交通大臣認定：PS060WL-0534
　耐火二層管（床）：国土交通大臣認定：PS060FL-0391
　冷媒管（壁）：国土交通大臣認定：PS060WL-0131
　冷媒管（床）：国土交通大臣認定：PS060FL-0129
　硬質塩ビ管（壁）：国土交通大臣認定：PS060WL-0103
　硬質塩ビ管（床）：国土交通大臣認定：PS060FL-0070
　架橋ポリエチレン管（壁）：国土交通大臣認定：PS060WL-0101
　架橋ポリエチレン管（壁）：国土交通大臣認定：PS060WL-0065

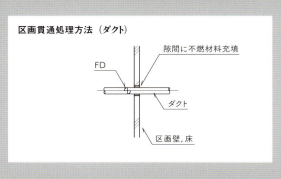

区画貫通処理方法（ダクト）

凡例 電気設備

記号	名称	仕様
◣	電灯分電盤	
▶◀	動力分電盤	
◣◥	警報盤	
W	積算電力計箱	
S	鉄函入開閉器	
M	電動機	別途（機械工事）
⊙	電極棒	
⊙LS	フロートスイッチ	
○ ●	動力押しボタン	
T	サーモスイッチ	
C	コントロールスイッチ	別途（機械工事）
▭─○─▭	直管型LED	
▭─○─▭	直管型LED	壁付型
▭─●─▭	直管型LED／非常用照明	非常用電源内蔵
⊙	ペンダント	LED
◁	スポットライト	LED
○	ダウンライト	LED
◖	ブラケット	壁付型LED
●	非常用照明	非常用電源内蔵
⊕	外灯	LED
⊗	避難口誘導灯	非常用電源内蔵
⟶⊗	通路誘導灯	非常用電源内蔵
⟶⊗	通路誘導灯	非常用電源内蔵
▭⊗▭	階段通路誘導灯	非常用電源内蔵
●H	連用埋込スイッチ	1P-15A, ホタルランプ付
●	連用埋込スイッチ	1P-15A
●3	連用埋込スイッチ	3W-15A
●4	連用埋込スイッチ	4W-15A
●○	連用埋込スイッチ	1P-15A, パイロットランプ付

記号	名称	仕様
✧	調光スイッチ	
●A	自動点滅器	3A
●WP	埋込スイッチ	防水型
⊛	リモコンスイッチ	
●D	連用埋込スイッチ（消し遅れ）	玄関用（0〜5分）
●T	連用埋込スイッチ（消し遅れ）	トイレ用（0〜5分）
●B	連用埋込スイッチ（消し遅れ）	浴室用（120分タイマー）
⊖	連用埋込コンセント	2P-15A×2
⊖E	連用埋込コンセント	2P-15A×1, 接地極付
⊖2E	連用埋込コンセント	2P-15A×2, 接地極付
⊖WP	連用埋込コンセント	2P-15A×2, 防水型, 接地端子付
⊖20A	連用埋込コンセント	2P-20A×1,
◎	ツイストロック	
⏚	フロアーコンセント	2P-15A×2, 水平高低調整付
⊗	換気扇	別途
▭	端子盤	
⊙	電話受口	
⏚	電話受口	フロア用, 水平高低調整付
T	電話機	
AMP	拡声増幅器	
RM	リモートマイク	
▽	拡声器	埋込スピーカー
◁	拡声器	壁掛型
◁⋯	トランペットスピーカー	
✧	アッテネーター	
├●┤	ワイヤレスアンテナ	
J	MICジャック	キャノンコネクター
⏚	MICジャック	キャノンコネクター, 水平高低調整型, フロア用

記号	名称	仕様
▱	分配機器収納函	
(TVアンテナ記号)	TVアンテナ	UHF／22素子
(BS/CSアンテナ記号)	BS／CS110°アンテナ	
⊙	直列ユニット	
⊙R	直列ユニット	
(混合分波器記号)	混合（分波）器	
⊸4D	4分配器	
ⓣ	インターホン	子機
Ⓣ	インターホン	親機
Ⓓ	ドアホン	
Ⓖ	ガス漏れ感知器	
⌣	熱感知器	
▭	機器収納函	⒫⒞Ⓑ収納，電源内蔵型
▭	非常警報装置	一体型，AC100V，電源内蔵型
Ⓑ	警報ベル	150φ
○	表示灯	AC24V
⌂	表示灯	防滴型，AC24V
Ⓟ	起動装置	
EP	操作装置	
⏚	接地	
□	ジャンクションボックス	
⊠	プルボックス	
H	ハンドホール	
◐	コンクリートポール	

記号	名称	仕様	
———	天井隠ぺい配管配線		
— — —	天井懐配線		
—－—－—	床埋込配管配線		
- - - - -	露出配管配線		
— －－ —	地中埋設配管配線		
(記号)	立上げ，素通し，引下げ		
○	回路番号／100V		
⬭	回路番号／200V		
□	回路番号／100V		
— — —	コロガシ配線	VVF1.6-2C	
—//—	コロガシ配線	VVF2.0-2C	打込部分は保護管使用（PF管）
—///—	コロガシ配線	VVF2.0-3C	
—////—	コロガシ配線	VVF2.0-2C×2	
———	配管配線	IV1.6×2 (PF16)	
—//—	配管配線	IV2.0×2 (PF16)	
—///—	配管配線	IV2.0×3 (PF16)	
—////—	配管配線	IV2.0×4 (PF22)	
—/////—	配管配線	IV2.0×5 (PF22)	
—//////—	配管配線	IV2.0×6 (PF22)	
—//—/—	配管配線	IV2.0×2E2.0 (PF16)	

中規模オフィス・テナントビル TSビル

大きな道路に面し，容積率最大に床面積を確保する．このフロアに店舗や事務所が入ることを想定し，建築設備を設計する．店舗と事務所では設備が異なるので，店舗用途には電気容量アップや給排水箇所の追加，厨房排気の想定が行われる．

排水計画は
重力排水を基本とする

　排水は高い方から低い方へと流れる．適正な勾配と配管径にて排水通気設備の設計を行えば，動力も使わずに，建物から下水道本管もしくは浄化槽などへの排水が可能である．排水は衛生面やトラブル防止の点から重力排水が基本である．

　地階がある建物や前面道路位置が高い場合，また排水本管のレベルが高いなど重力排水では排水勾配が取れない場合は，地上部分の排水系統と地下部分の排水系統を切り離し，地上部分は重力排水にて計画し，重力排水が難しい地下系統のみを機械排水とするべきである．

　集合住宅など排水用PSを縦にまっすぐに通した場合，地下住戸へそのままのプランで，同一PSにて計画することが意匠設計から望まれる場合も多い．しかしPSを外壁側に寄せて地上部分は屋外へ出すことや，二重スラブとして1階床下にて屋外へ導く提案を行い，極力重力排水としてのルートを確保すべきである．

　重力排水にて設計を行う場合，既存公設桝深さや前面道路の下水道本管レベルの確認は，十分に行う必要がある．合流式下水道の地域ではハザードマップによる冠水想定も確認すべきである．通常では重力排水で使用されているルートが，水道(みずみち)となり下水道満水時や道路冠水時には逆流するおそれがある．重力排水が基本であるが，合流地域で半地下建物などを重力排水にて計画する際は下水道レベルの確認，災害時想定など十分に検討する必要がある．

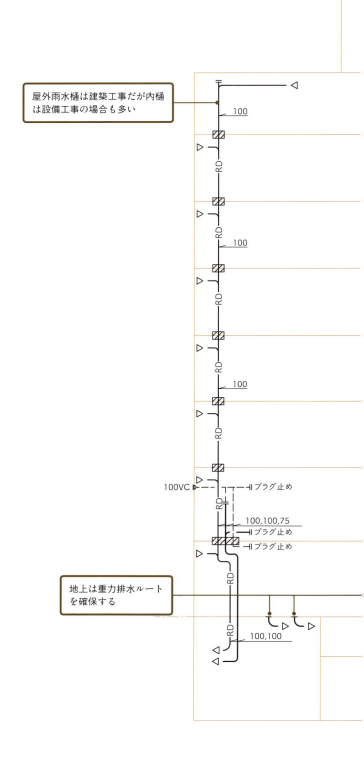

屋外雨水樋は建築工事だが内樋は設備工事の場合も多い

地上は重力排水ルートを確保する

中規模オフィス・テナントビル／機械

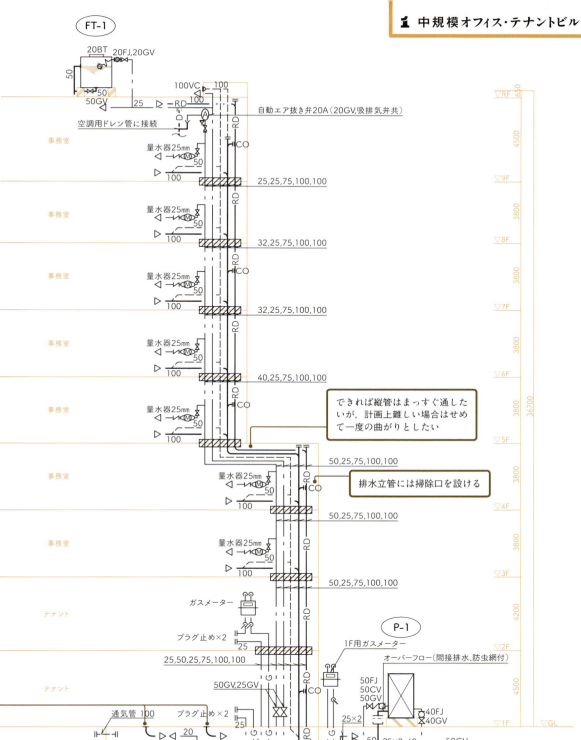

機械設備系統図

地下階は仕方なく機械排水

　排水計画は重力排水を基本とすべきであるが，地階や下水道本管レベルなどにより機械排水が必要な場合もある．機械排水とするためには排水槽を設置する．排水槽としては，汚水槽，雑排水槽，雨水槽，湧水槽が必要となる．雑排水槽については小，中規模なら汚水槽で兼用．小・中規模の場合，湧水槽と雑排水槽を兼用する場合もある．また厨房に排水が多量にある場合は専用排水槽とする．また自治体により，湧水排水量に合わせて課金のための計量が必要な場合もあるので留意したい．

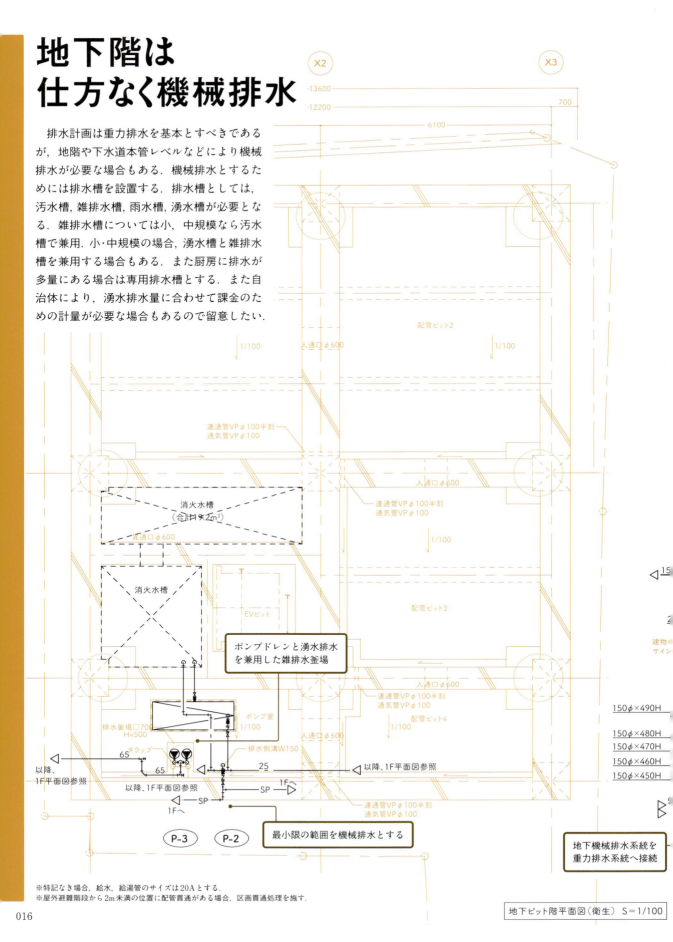

※特記なき場合，給水，給湯管のサイズは20Aとする．
※屋外避難階段から2m未満の位置に配管貫通がある場合，区画貫通処理を施す．

地下ピット階平面図（衛生）　S＝1/100

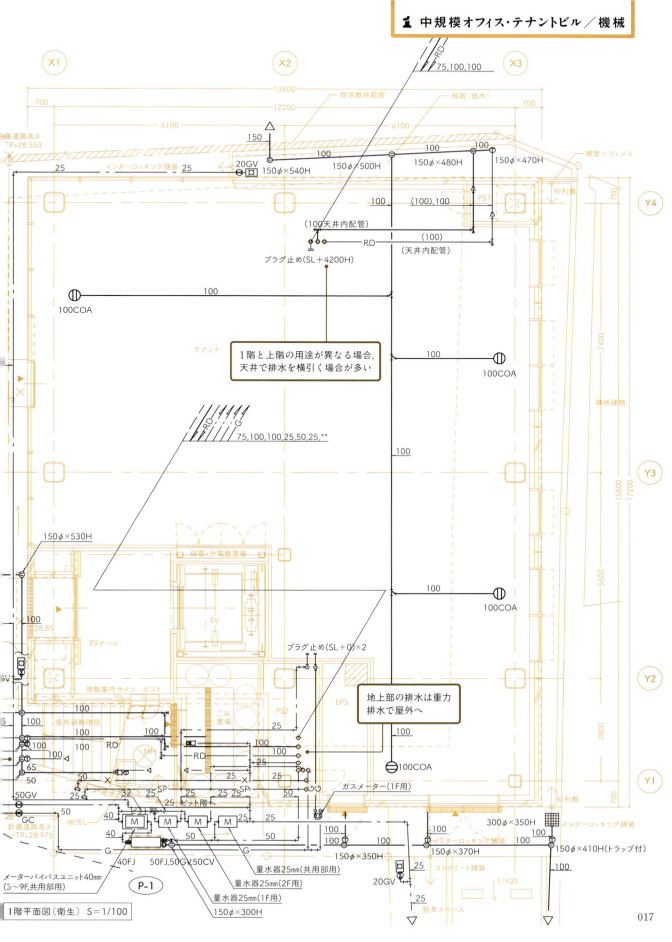

湿式か乾式か

　連結送水管設備は，消防法によって設置が義務づけられている．主に7階建て以上の建築は延べ床面積に関係なく設置する必要がある．また地階を除く階数が5階以上で，延べ床面積6,000㎡以上についても設置する必要がある．

　連結送水管設備は，シンプルな消防システムである．送水口と放水口からなり，送水口は地上の道路に面して設けることになるが，放水口は3階以上の各階に半径50mで建物の各部をカバーできるように設置することになる．放水口の位置は，避難階段の5m以内に設ける必要があり，避難階段の踊り場近くがよい．その理由として，消防隊員はホースとノズルを持って階段を上がり，放水口にホースを接続し，ノズルから放水し消火活動を行うための距離制限である．

　仮に各階に2か所以上放水口を設ける場合は，送水口は同数設ける必要がある．消火活動としては，消防ポンプ車から送水口に水を送らないと放水ができないが，連結送水管内に水が充水してあれば，送水口に送水されればすぐ放水ができる．連結送水管に水が入っていなければ，送水口から水が上がり，放水口まで達しないと放水ができないため，放水までの時間を要する．前者を湿式，後者を乾式の連結送水管設備と呼んでいる．

　湿式にするか乾式にするかは，所轄消防との打合せによって決めることになるが，11階建て以上になると一般には湿式としている．さらに地上70mを超える高層建築の場合はポンプ車からの圧送では水圧が確保できない場合があるため，連結送水管用のブースターポンプを設置する必要がある．

呼水槽は条件により設置

　消火ポンプには呼水槽を設置することになっていると，頭から思い込んでいることが大半と思うが，呼水槽は条件によって設置しなくてもよい．

　ではなぜ，呼水槽が必要とされているのか？消火ポンプは火災が発生したときに運転し，直に消火活動ができるようにしなければならない．しかし，長期間運転をしていない消火ポンプ内の水が抜けて，ポンプが空運転となることがある．これを防止するために呼水槽が設けられている．しかし，その期間はいつになるかわからず，確実に水が残っていることは保証できない．そこでポンプ内を充水する構造にすれば，つまり"呼び水"で満たしていれば，ポンプ部分は充水され，いざというときに送水が可能となる．

　呼水槽を設けなくてよい条件がある．つまり，ポンプ部分が充水される状況で，水が抜けない構成が成立されていればよい．それはポンプ部分より上に消火用水槽があればよい．

　ペンシルビルの地下部分では，地上に消火ポンプ室が確保できないため，もともと構造的に必要な地下ピットを利用して消火ポンプおよび消火水槽を設置している．

　地下や建物内に消火ポンプや消火水槽を設置できない場合も同じ条件である．屋外や屋上に設置する場合はキュービクル型消火ポンプの横の同一レベルにSUSもしくは鋼鈑製の消火水槽を設けて呼水槽を無用とする．

1 中規模オフィス・テナントビル／機械

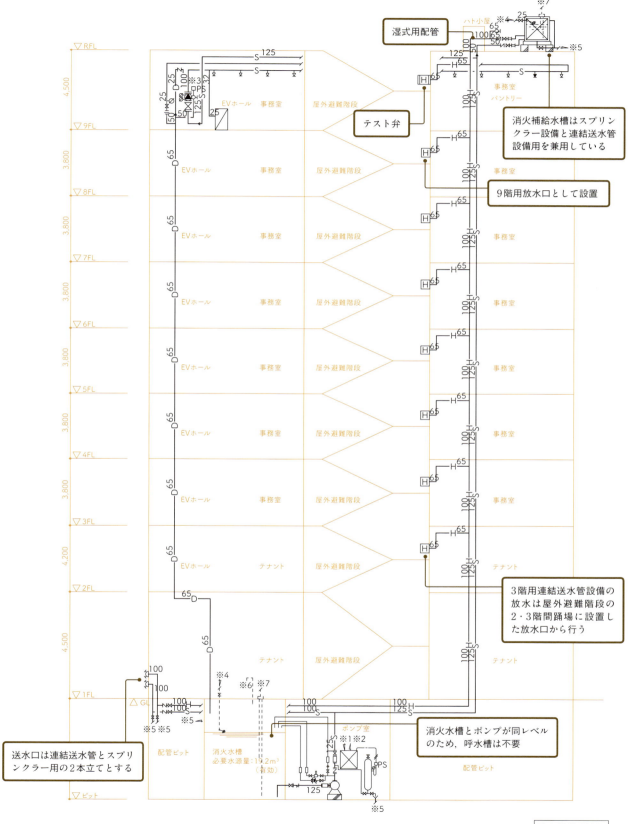

消火設備系統図

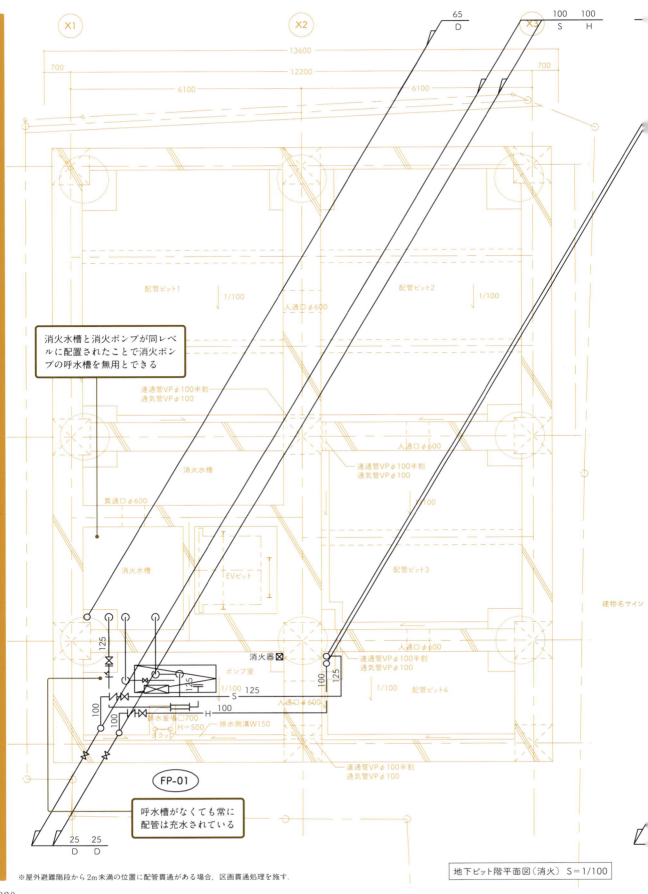

地下ピット階平面図（消火） S=1/100

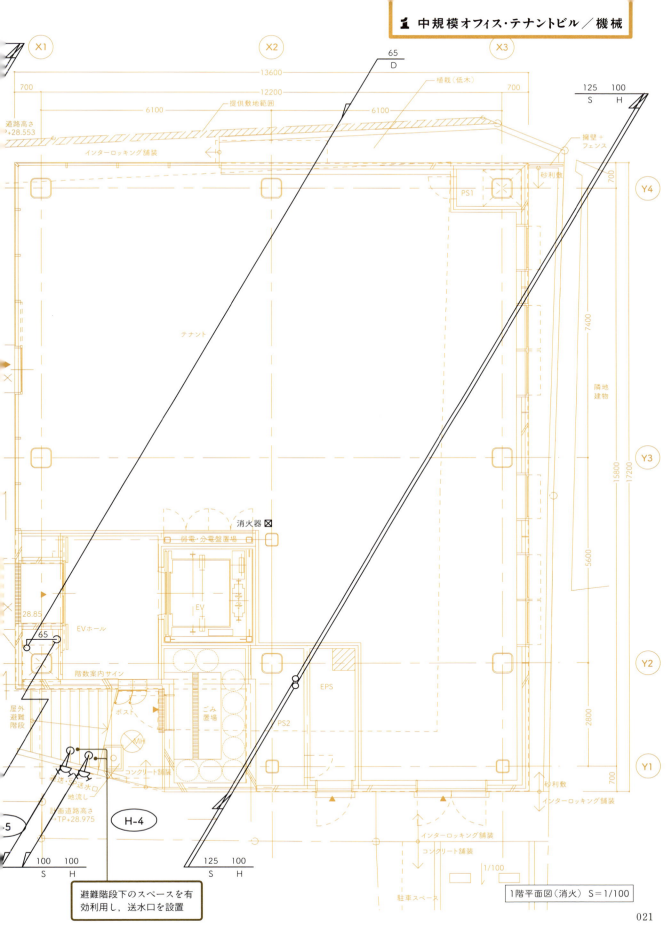

電灯・電力を上手に分ける

　低圧受電では，電気設備容量としては，電灯（$1\phi\times100V/200V$），動力（$3\phi\times200V$）負荷を上手に分ける必要がある．一般的電灯回路としては，照明，コンセント用途の回路となり，多くの電気機器が接続される．動力回路としては，$3\phi\times200V$の電源接続により使用される電動機類が多く，エレベータ，ポンプ，空調機や工作機械などがその主となる．

　工場以外の建物では，電灯負荷が多く，動力負荷に余裕が出ることが多い．このとき電灯負荷から動力負荷への振り替えを行うことで，動力負荷を多くする方法がある．その手法は二つある．一つは，電灯接続となっている電気機器の電源を動力接続に変更できるかをメーカーに依頼すること．多くのメーカーでは，容量の小さな電気機器については，特別に電灯回路としている場合が多いが，一般には動力回路のため変更が可能である．もう一つは電灯接続でも$1\phi\times200V$の場合，電灯回路系統として$1\phi\times200V$の接続を行っているが，動力回路系統から結線方式で$1\phi\times200V$を接続取出しすることも可能であり，動力負荷側より供給する方法である．

幹線リスト（電灯Tr）

幹線番号	接続図	負荷名称	容量(KVA)	ケーブルサイズ	配管サイズ
L101		LP－事9	15.00	CV-T14□　E8□×2	(E39)(G42)(ラック)
L102		LP－事8	15.00	CV-T14□　E8□×2	(E39)(G42)(ラック)
L103		LP－事7	15.00	CV-T14□　E8□×2	(E39)(G42)(ラック)
L104		LP－事6	15.00	CV-T22□　E8□×2	(E51)(G54)(ラック)
L105		LP－事5	15.00	CV-T22□　E8□×2	(E51)(G54)(ラック)
L106		LP－事4	15.00	CV-T22□　E8□×2	(E51)(G54)(ラック)
L107		LP－事3	15.00	CV-T22□　E8□×2	(E51)(G54)(ラック)
L108		LP－店2	25.00	CV-T38□　E8□×2	(E63)(G70)(ラック)
L109		LP－店1	25.00	CV-T60□　E14□×2	(E65)(G70)(ラック)
L110		LP－A	10.00	CV-T22□　E8□×2	(E51)(G54)(ラック)
L111		ELB制御盤	1.00	CV5.5□－2C　E3.5□	(E25)(G22)(ラック)

幹線リスト（動力Tr）

幹線番号	接続図	負荷名称	容量(KVA)	ケーブルサイズ	配管サイズ
P101		LP－事9	7.00	CV8□－3C　E5.5□×2	(E39)(G42)(ラック)
P102		LP－事8	12.00	CV-T14□　E8□×2	(E39)(G42)(ラック)
P103		LP－事7	12.00	CV-T14□　E8□×2	(E39)(G42)(ラック)
P104		LP－事6	12.00	CV-T14□　E8□×2	(E39)(G42)(ラック)
P105		LP－事5	12.00	CV-T14□　E8□×2	(E39)(G42)(ラック)
P106		LP－事4	15.00	CV-T22□　E8□×2	(E51)(G54)(ラック)
P107		LP－事3	15.00	CV-T22□　E8□×2	(E51)(G54)(ラック)
P108		LP－店2	25.00	CV-T38□　E8□×2	(E63)(G70)(ラック)
P109		LP－店1	25.00	CV-T38□　E8□×2	(E63)(G70)(ラック)
P110		LP－A	10.00	CV-T14□　E8□×2	(E39)(G42)(ラック)
P111		ELB制御盤	12.00	CV-T14□　E8□	(E31)(G28)(ラック)
FP1		SPポンプ制御盤	37.00	FP-T100□　E22□	(G82)(PE82)(ラック)

幹線リスト（警報用）　※幹線番号「K」の接続図は警報盤との系統を示す．

幹線番号	接続図	負荷名称	警報点数	ケーブルサイズ	配管サイズ
K-1		キュービクル　故障警報	1	CVV2□－2C	(E19)(G16)(CR)
K-2		非常用発電機　故障警報	2	CVV2□－3C	(E19)(G16)(CR)
K-3		SPポンプ　故障警報	2	CVV2□－3C	(E19)(G16)(CR)
K-4		消火水槽　電極警報	2	CVV2□－3C	(E19)(G16)(CR)
K-5		消火補給水槽　電極警報	2	CVV2□－3C	(E19)(G16)(CR)
K-6		LP－A　故障警報	5	CVV2□－10C	(E25)(G22)(CR)
		排水ポンプ制御盤　故障警報	2		
		排水槽　電極警報	1		
K-7		ELV制御盤　故障警報	4	CVV2□－6C	(E25)(G22)(CR)
K-8		警報盤～非常転送装置	20	CPEVS0.9－20P	(E31)(G28)(CR)

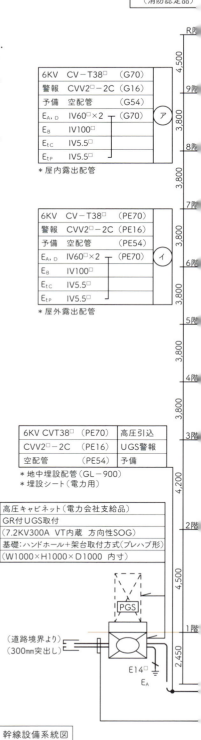

幹線設備系統図

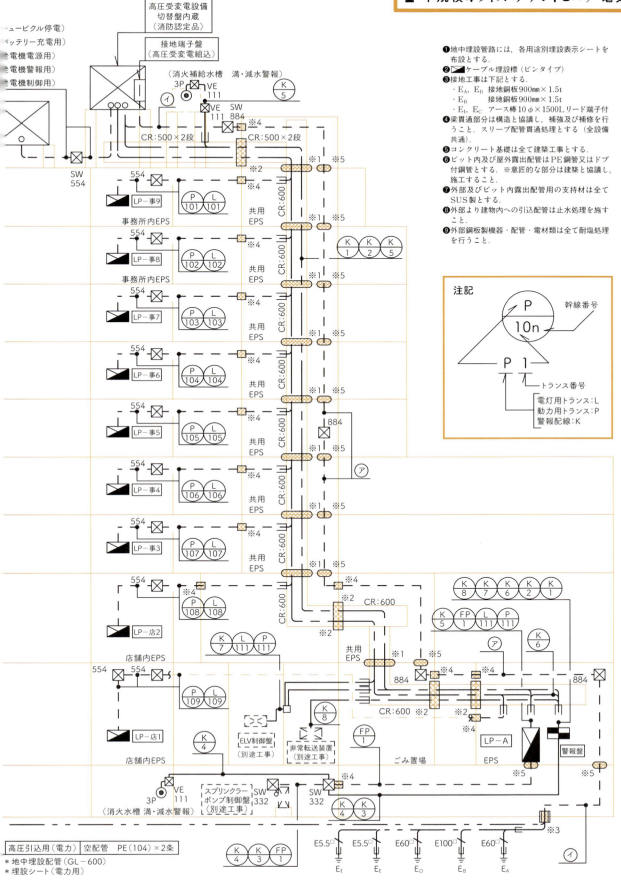

オフィスではコンセント容量大

　オフィスビルのコンセント容量は，内線規程では30VA/㎡とされている．その他の部分的負荷として，廊下，階段，倉庫等は5VA/㎡を見込むことで計画値としてはよいとされている．しかしオフィス空間として，1人当たり5㎡の占有としたとき1人1台のPC（300VA）を設けているとすれば，60VA/㎡を考える必要がある．

　コンピュータ電気容量やモニター電気容量は低下傾向にあるが，オフィスビルのコンセント容量はこの程度を見込む必要がある．その他に電話用電源やプリンター，コピー機，複合機の稼働を考えると，内線規程で示された数値の倍程度になる．

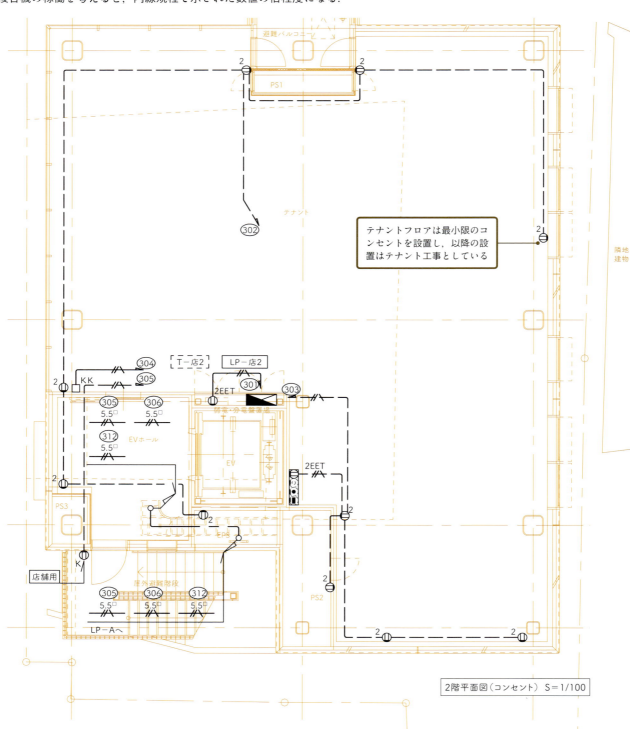

2階平面図（コンセント）　S＝1/100

中規模オフィス・テナントビル／電気

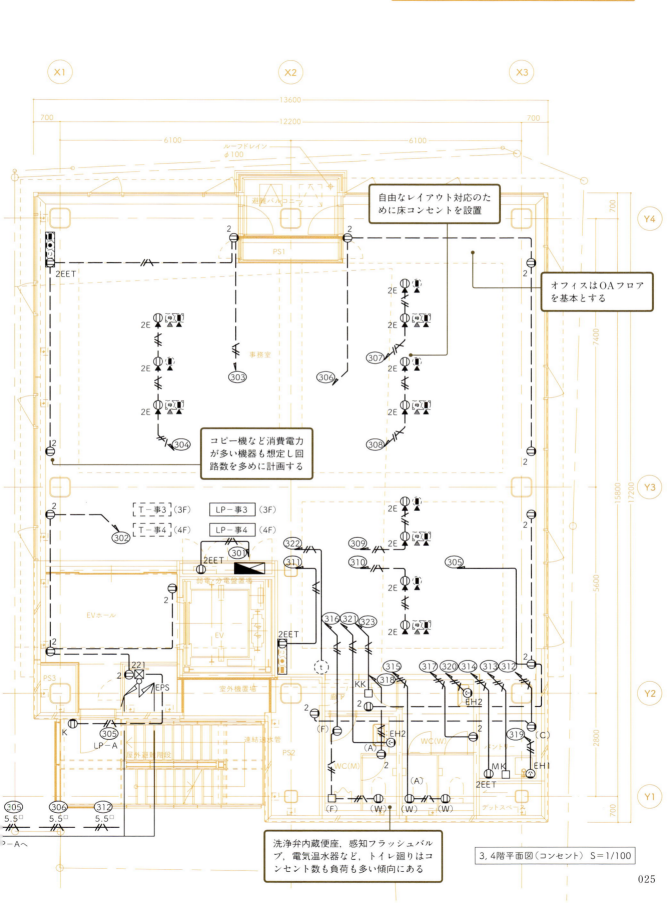

3,4階平面図（コンセント） S=1/100

照明器具の設置方法と流行

　昼間は窓からの日射により，室内に明かりを与えてくれるが，夜になると太陽がなくなり，照明が求められる．その光源を何にし，どのように設置するかで建築空間の表情までもが変わる．そのため照明器具の選択と配置は，建築空間をよく知っている建築家が行い，設備設計者は提示された配灯に合わせて電気配線図を作成したり，照度計算を行っている．

　ここで，建築と照明にかかわる事柄を表に示す．照明方法としては，インテリア空間での明るさ重視や空間演出目的であったりしているが，これらを基本として把握されたい．本建物では西側が正面ファサードとなるため，西日のコントロールを建築意匠で行えるようにして，照明計画が進められた．

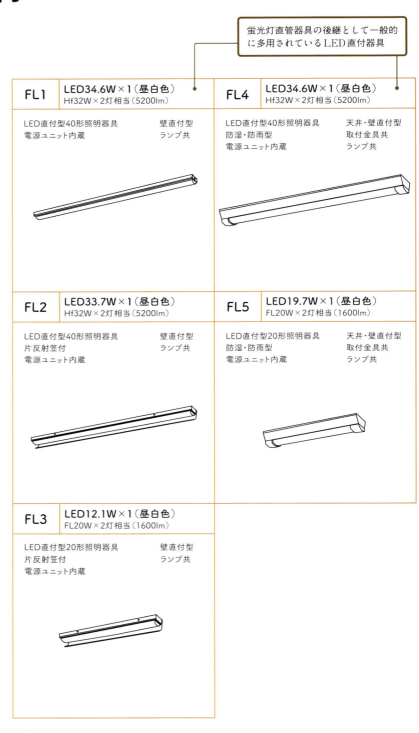

> 1 中規模オフィス・テナントビル／電気

居室以外の廊下，トイレなどは
ダウンライトとすることが多い

DL1 LED12.9W×1（昼白色） FHT42W相当 LEDダウンライト　　　天井埋込型 電源ユニット内蔵　　　ランプ共 器具高：76mm 天井切込 穴寸法 φ125	**SP1** LED43.3W×1（白色） HID70W相当（3270lm） LEDスポットライト　　　レースウェイ付型 電源ユニット付　　　　　ランプ共 器具重：1.8kg	**FTL1** LED4.2W×1（電球色） LEDフットライト　　　壁埋込型 防雨型　　　　　　　　ランプ共 電源ユニット内蔵
DL2 LED9.9W×1（昼白色） FHT32W相当 LEDダウンライト　　　天井埋込型 電源ユニット内蔵　　　ランプ共 器具高：76mm 天井切込 穴寸法 φ125	**BL1** LED16.5W×1（白色） FHT32相当 LEDブラケットライト　　壁直付型 防雨型　　　　　　　　ランプ共 電源ユニット内蔵 上下配光型	**FTL1** LED14W×1（電球色） LEDポールライト　　　埋込型 防雨型　　　　　　　　ランプ共 電源ユニット内蔵
DL3 LED16.5W×1（昼白色） FHT32相当 LEDシーリングダウンライト　天井直付型 防雨型　　　　　　　　ランプ共 電源ユニット内蔵	**PD1** 12V　キセノン球10W×1（G4） キセノンペンダントライト　天井吊下げ型 　　　　　　　　　　　ランプ共 　　　　　　　　　　　ダウントランス共	

外灯はシンプルな形

演出性からLED光源以外
のものを用いる場合もある

> 照明器具姿図

電信回線は標準設備数

電信回線は標準設備数を表（10m²当たりの回線数）に示す．電話を主体とした情報から他の手段へ移行しつつあるが，表の数値は今後減少傾向にあるため，最大値として考えてもよい．

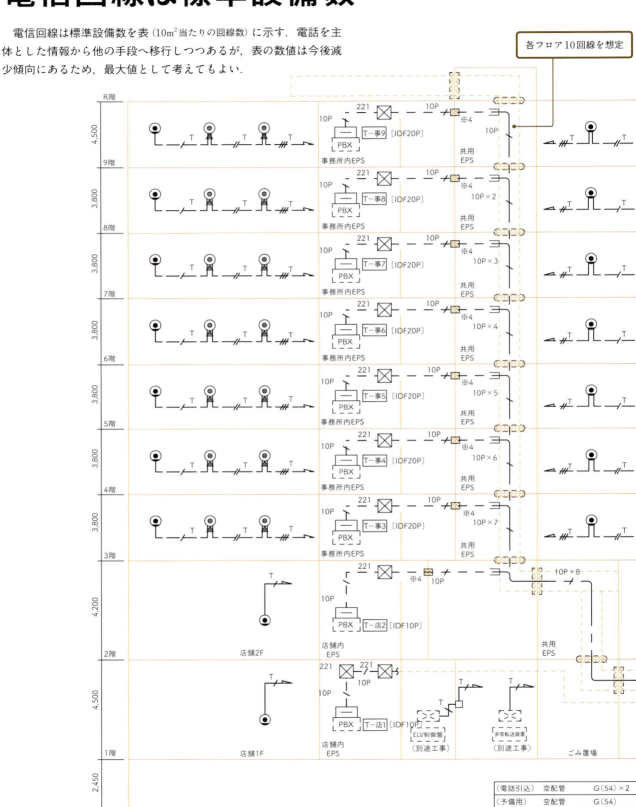

1 中規模オフィス・テナントビル／電気

電話設備

記号	名称	備考
●	電話用アウトレット（壁付）	6極4芯モジュラーコンセント×1取付
⊕	電話用アウトレット（床埋込）	6極4芯モジュラーコンセント×1取付
▣² TERADA(CEA70000)	バリアフリー対応スマートコンセント（CEA）	電話1口＋情報2口 CEA90082A＋CEA90061S
▭	弱電配線盤	弱電端子盤リスト参照
PBX	警報盤～非常転送装置	別途工事
⊠ 221	PB200□×150	鋼板製 錆止め 指定色塗装
SW ⊠ 554	PB500□×400	SUS 防雨型

10㎡当たりの回線数

	局からの引込回線数	内線回線数
商事会社	0.4	1.5
銀行	0.3	1.0
一般事務所	0.4	1.5
デパート	0.2	0.3
官公庁	0.4	1.5
病院	0.2	0.3
証券会社	0.4	1.3

❶特記なき配管配線は下記による．
【電話設備】
― / ― EBT0.4－2P×1　インペイ　CD (16)
― // ― EBT0.4－2P×2　インペイ　CD (22)
― /// ― EBT0.4－2P×3　インペイ　CD (28)
― //// ― EBT0.4－2P×4　インペイ　CD (28)
― / 10P ― CCP0.5－10P　インペイ　CD (28)
― ― / 10P ― ― CCP0.5－10P　ロシュツ　E (51)
※配管は他設備共用とする．

【弱電設備共通】
― C ―　空配管　保護管　PF (28)
― / 14□ ―　IV14　コロガシ配線（ラック又天井内）
― / 14□(PF16) ―　IV14　保護管　PF (16)

❷露出配管部分は指定色塗装仕上とする．
❸プルボックス，端子盤内は使用用途及び行先表示をすること．
❹空配管には呼び線を挿入すること．
❺配線，成端，接続の全て本工事とする．
❻機器取付，設定及び試験調整の全て別途工事とする．
❼接地幹線IV14□×1をMDF盤より各弱電端子盤へ敷設すること．

❶ハンドホールサイズ
　900×900×900（中耐フタ付 セパ付）
　ハンドホール内，水抜き穴は地質により監督員と協議の上，施工する．
❷地中埋設管路には，各用途別埋設表示シートを布設とする．
❸▨ケーブル埋設標（コンクリート製）
❹接地工事は下記とする．
　・E_A，E_D　接地銅板900mm×1.5T
　・E_B　　　接地銅板900mm×1.5T
　・E_t，E_C　アース棒10φ×1500L リード端子付
❺梁貫通部分は構造と協議し，補強及び補修を行うこと．スリーブ配管貫通処理とする（全設備共通）．
❻コンクリート基礎は全て本工事とする．
❼外部露出配管は全て指定色塗装（防食処理仕様）とする．
❽ピット内及び屋外露出配管はPE鋼管又はドブ付鋼管とする（意匠的な部分は建築と協議し，施工すること）．
❾外部及びピット内露出配管用の支持材は全てSUS製とする．
❿外部より建物内への引込配管は止水処理を施すこと．

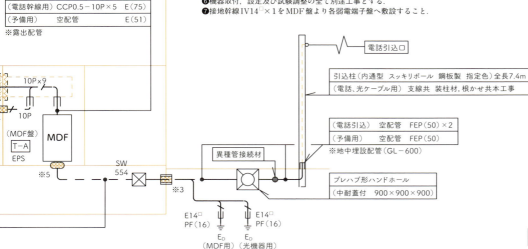

弱電（電話）設備系統図

情報設備として位置づける

　これまでは情報設備とはいわず，電話設備，TV共聴視設備等を弱電設備として総称していた．ともに通信設備の範疇でもあった．しかし光ファイバー網の普及により，これらを情報設備として位置づけた方が通りがよくなってきた．本工事としては光ファイバー用空配管，有線LAN用配管配線を用い，HUBや無線LAN設備は竣工後の別途工事とする場合が多い．

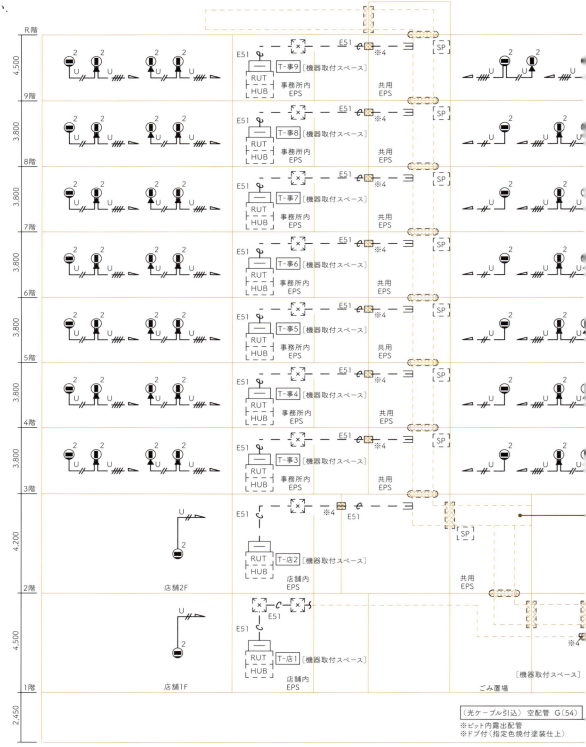

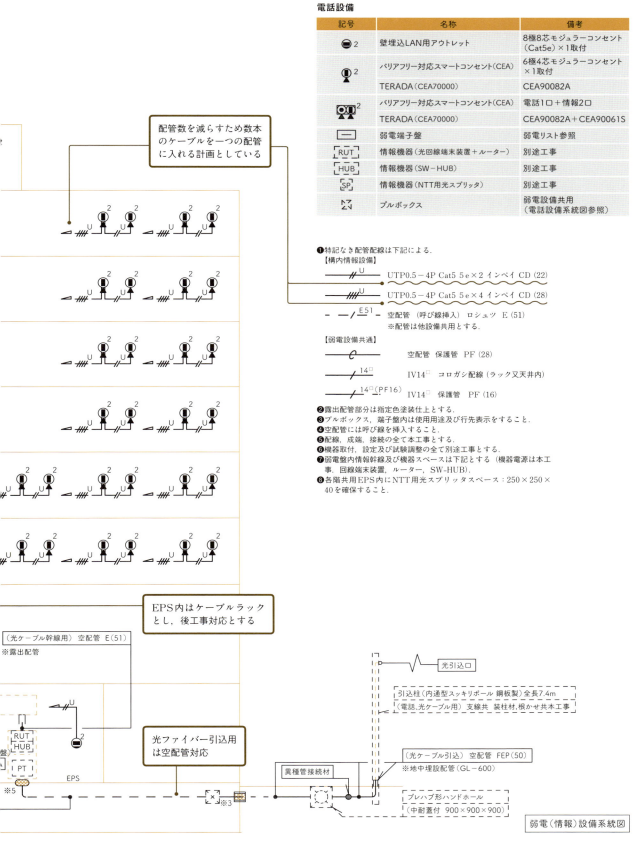

情報設備の選択肢（TV，TEL，LAN）

TV共聴視設備としては，アンテナを屋上に設置することが主体ではあるが，他の手法（光によるTV視聴，CATV利用，限定利用ではあるがワンセグでの視聴）も多くなってきている．特に情報通信（TEL，TV，インターネット）をすべて光のみの対応とし，一本化してしまうことも多い．一方で，視聴に関してはランニングコストのかからない地デジアンテナのみ設置も，施主としてのメリットは高いと考えられる．

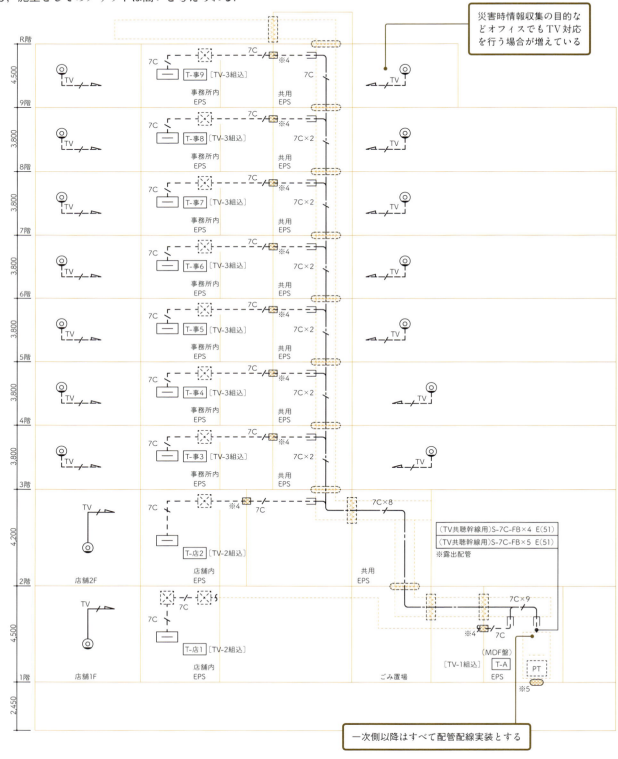

1 中規模オフィス・テナントビル／電気

TV-1

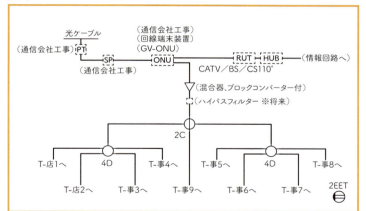

TV-2

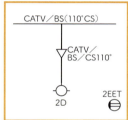

TV-3

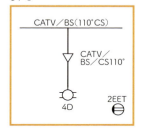

TV共聴設備

記号	名称	備考
◎	直列ユニット（壁付）	2端子・端末型 HPFプレート
▽ CATV/BS/CS	CATV／BS／CS 増幅・混合 双方向	
▽	CATV／BS／CS 増幅器 双方向	
○–	2分岐器	
○	2分配器	
○	4分配器	
○	6分配器	
─	弱電端子盤	TV機器木板取付
RUT	情報機器（光回線終端装置＋ルーター）	別途工事
HUB	情報機器（SW-HUB）	別途工事
SP	情報機器（NTT用光スプリッタ）	別途工事
⊠	プルボックス	弱電設備共用（電話設備系統図参照）

❶特記なき配管配線は下記による．
【TV共聴設備】
S-5C-FB 保護管 CD（16）
S-7C-FB 保護管 CD（22）
S-7C-FB 保護管 CD（22）×n
S-7C-FB コロガシ配線（ラック又天井内）
S-7C-FB コロガシ配線（ラック又天井内）
配管保護を示す．
【弱電設備共通】
空配管 保護管 PF（22）
IV14□ 保護管 PF（16）
❷点検可能二重天井内はコロガシ配線可とし，天井内はスラブ，造作材に固定すること．又，立上り立下り部分は，電線管にてケーブル保護を行うこと．
❸露出配管部分は指定色塗装仕上とする．
❹テレビ機器は全てデジタル放送対応とする．
❺ブースターは770MHz双方向．利得30dB以上（上り）／35dB以上（下り）とする．
❻TVユニットの接続はF型接栓にて行うこと．
❼BS，CSデジタルチューナーは別途とする．
❽使用する機材は全てCATV・BS・CS共用とし，端末においてはCATV75dB，BS60dB，CS57dB以上確保するようにすること．
❾光TV供給会社と打合せを十分に行うこと．
❿光TV供給会社よりの引込工事費，ブースター調整費は別途工事とする．
⓫TVユニットはCATV双方向対応（ハイパスフィルター内蔵型切換スイッチ付）とする．
⓬工事費・機器調整費等は本工事とする．

端子盤リスト

・鋼板製 接地端子付 指定色塗装仕上（全弱電端子盤）
・屋内壁掛型…（T-店1，2 T-事3～9）

	電話	LAN	テレビ共聴	備考
T-A （MDF）	250P 保安器スペース 120P	PT取付スペース×1 光スプリッタスペース 構内LAN機器スペース	TV-1収納	屋内自立型 下部化粧配線ダクト付 コンセント 2P15A×6＋ET付 ×2
T-店1	10P		TV-2収納	
T-店2				
T-事3				
T-事4				
T-事5		構内LAN機器スペース		コンセント 2P15A×4＋ET付
T-事6	20P		TV-3収納	
T-事7				
T-事8				
T-事9				

※端子盤内の光スプリッタスペースはNTTと十分打合せの決定とすること．
※NTT用光スプリッタスペース：250×250×40

弱電（TV共聴）設備系統図

省力化される弱電設備

　弱電設備は確実性や人員の削減により機械に取って代わることとなった．その弱電設備は主に電気設備に組み入れられ，省力化の一つとして採用される．

　弱電設備として放送設備は建物全体で放送したり，ある部屋や階を限定して使用できるようにすることができる．特に特定の部屋で放送を行う場合には，専用の機器を設置することになる．インターホン設備は1対1であれば親子式で十分であるが，1対nでは集合住宅用インターホンが必要となる．表示設備では非常用呼出しとして，トイレから事務室を非常時に呼出すことも可能である．

機器姿図

通常，集合住宅で用いられるものだが，ここでは管理計画上，オフィスビルであっても集合玄関機を設置している

1 中規模オフィス・テナントビル／電気

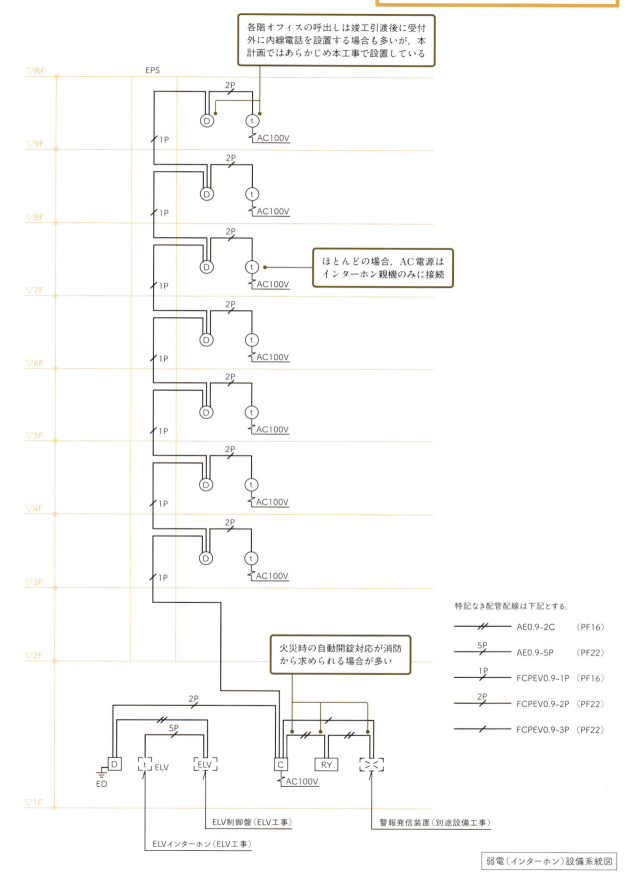

弱電（インターホン）設備系統図

セキュリティ機器の調整

入退室管理や監視カメラなど，いわゆるセキュリティ関係は別途工事になる場合も多いが，本工事であらかじめ設置する場合もある．各機器の納め方など建築設計側と調整しておくべきである．

系統図

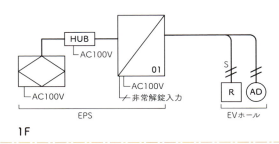

1F

01	出入管理装置 WA-01
R	非接触式FeliCa/MIFARE対応カードリーダー WML-60
AD	自動扉（建築工事）
◇	管理用ノートパソコン
HUB	HUB
—/—	CPEV 0.9-1P
—///—	CPEV 0.9-3P
—//—S	CPEVS 0.9-2P
———	UTP（カテゴリー5）

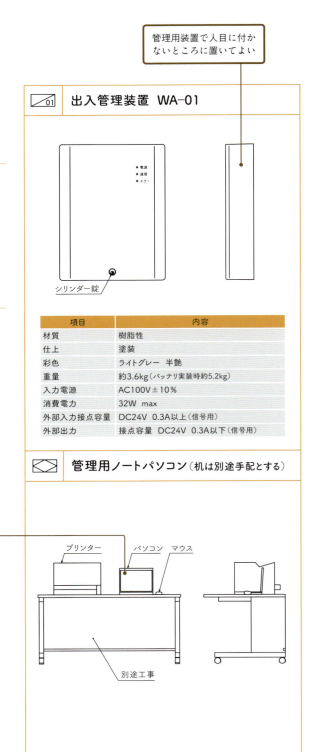

出入管理装置 WA-01（管理用装置で人目に付かないところに置いてよい）

シリンダー錠

項目	内容
材質	樹脂性
仕上	塗装
彩色	ライトグレー 半艶
重量	約3.6kg（バッテリ実装時約5.2kg）
入力電源	AC100V±10%
消費電力	32W max
外部入力接点容量	DC24V 0.3A以上（信号用）
外部出力	接点容量 DC24V 0.3A以下（信号用）

管理用ノートパソコン（机は別途手配とする）

管理者が常駐の場合は机を用いるとよいが，管理者が不在の場合はラックに収納することが多い

プリンター　パソコン　マウス

別途工事

1 中規模オフィス・テナントビル／電気

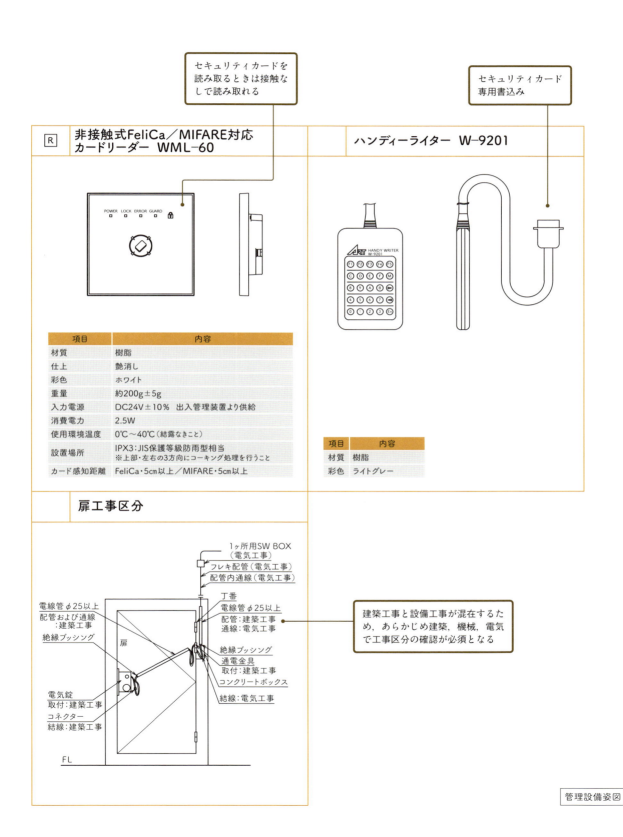

管理設備姿図

小規模オフィス・店舗ビル NRビル

オーガニックな化粧品を販売する会社の自社ビル。エコロジーを建設テーマとしている。建築材料は自然素材を使い、コンセプトを明らかにし、建築設備ではコージェネレーションシステムによるエネルギーの有効利用を計画しながら、快適性も追求した。

ガスか電気か

電力が自由化され，既存の電力会社に加え，新規参入の電力会社も現れた．ガスを使用することは，一般にはガスコンロでの調理である．しかしIHコンロの出現で，コンロでのエネルギー使用の考え方が，ガスか電気かといわれるようになってきた．この関係はコンロでのエネルギー選択以外にも給湯や冷暖房での駆動エネルギーについても検討することが多い．先のコンロでは熱の有効利用率の違いから，ランニングコストの比較検討を行っている．

ランニングコストの観点からは業務用で都市ガス地域であるならば，ガスでも電気でもほぼ互角である．住宅用のようなエコキュートの深夜電力利用ではなく，従量電灯使用の料金比較となるので，ガスの方が有利となる．ランニングコスト以外ではIHコンロは有効利用率が高いため，厨房室温の上昇を抑制することができ，厨房温熱環境の改善や冷房用エネルギーの削減につながっている．

同様なことが，冷暖房機器の採用についても議論される．主なシステムとしては，ガスエンジンヒートポンプパッケージエアコン（GHP）と電動ヒートポンプパッケージエアコン（EHP）でともに一長一短を有している．前者はエンジンの燃料としてガスを供給し，エンジンの運転でコンプレッサーを回転させて，冷暖房運転している．そのためGHPとEHPは常に比較対象とされ，GHPは屋外機寸法，重量や運転騒音は大きいとされているが，契約電力を抑えることができ，電気使用量の削減を可能とするメリットもある．それらを総合的に評価し，エネルギー供給会社を選択する必要性が生まれている．

機器表

記号	名称		仕様
GHP-1	ガスヒートポンプエアコン	屋外機	冷房能力28.0kW, 暖房能力33.5kW, 送風機0.45kW, クランクケースヒーター20W, 熱量消費量24.7kW, OS式防振架台共
GHP-2	ガスヒートポンプエアコン	屋外機	冷房能力22.4kW, 暖房能力26.5kW, 送風機0.45kW, クランクケースヒーター20W, 熱量消費量24.7kW, OS式防振架台共
CG-1	コージェネパッケージ	屋外設置型（ガス焚）	発電機定格出力9.8kW（3φ200V），回収熱量76.4MJ，温水量60.8LPM，ガス消費量 3.25m³/H
T-1	熱回収槽	SUS製サンドイッチパネル	1.0×1.5×2.0^H, 600φMH(キー付)共, 内外はしご共, 耐震1G
P-1	給湯ポンプ	給湯加圧ポンプ	25φ×60LPM×150KPa
P-3	熱回収ポンプ	ラインポンプ	32φ×75 LPM×60KPa （CG-1と連動）
HP-1	温水循環ポンプ	ラインポンプ	40φ×30LPMC×180KPa(地下1階床暖房コントローラと連動)

2 小規模オフィス・店舗ビル／機械

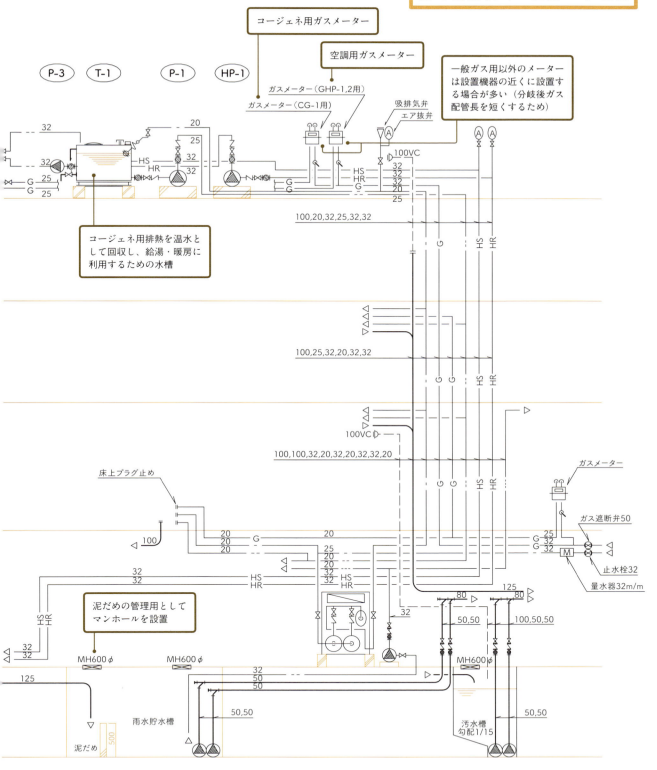

機械設備系統図

雨水は何に使うべきか

　雨水は天からの恵みであり，農作業には欠かすことのできないものである．そのため日照りが続くと雨乞いの儀式をしたとのいい伝えが残るくらいである．建築でも雨水を利用すべく，樋の下に樽を置いて貯めた水を利用する考えがあった．

　雨水利用といえば便所洗浄水がすぐに想像されるが，トイレ洗浄水質が上水程度を要求されたり，洗浄便座用水と兼用されるため上水水質が要求水準へと変わってしまうことが多い．そのため雨水の利用としては，庭園散水のみを行う場合が増えている．

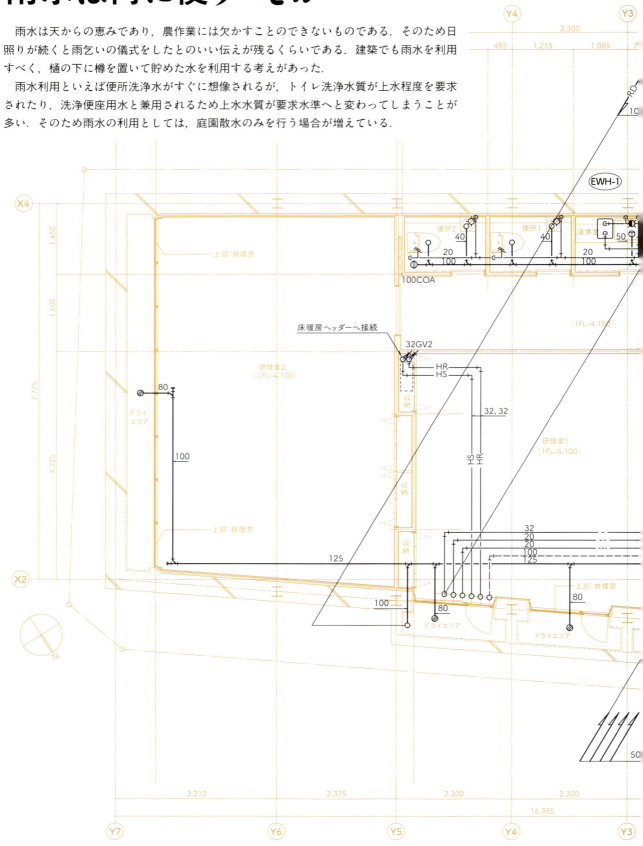

2 小規模オフィス・店舗ビル／機械

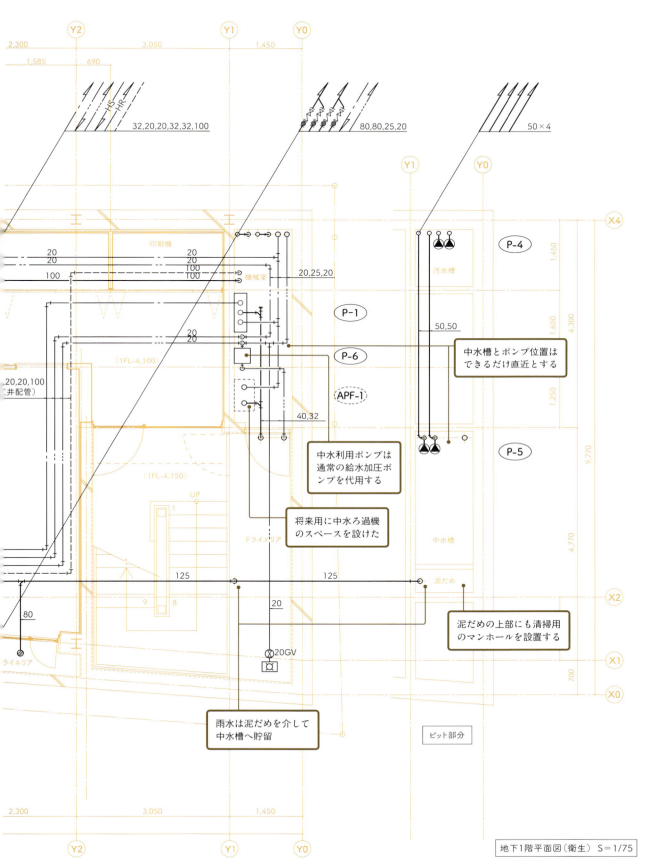

地下1階平面図（衛生） S＝1/75

マイクロ発電を採用したコージェネレーションシステム

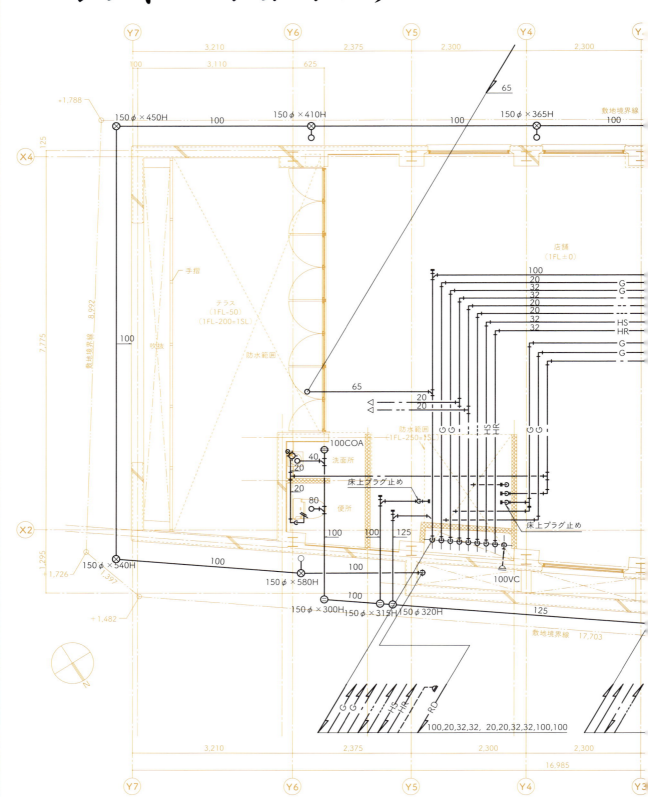

2 小規模オフィス・店舗ビル／機械

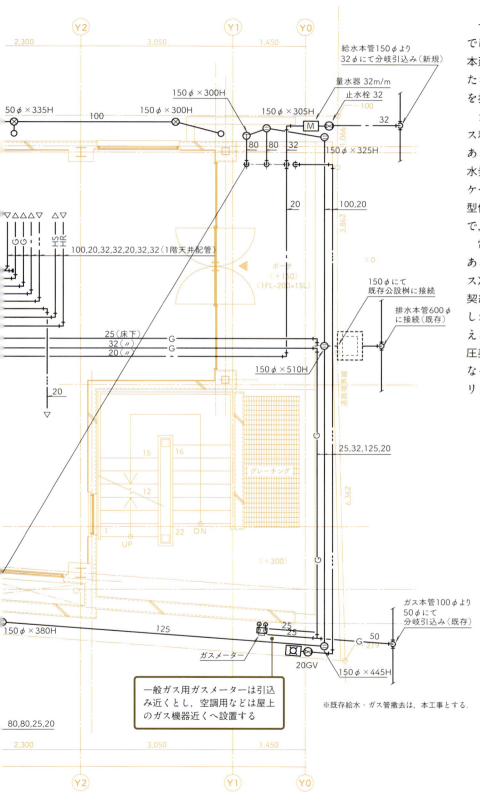

一般のガス使用と大口ガス使用では，料金が契約で大きく異なる．本建物ではマイクロ発電を採用したコージェネレーションシステムを採用した．

ガス使用量が大きくなれば，ガス料金単価を下げることも可能である．建築設備ではガス焚の冷温水発生機やガスヒートポンプパッケージエアコン（GHP）は，その典型例となる．GHPについても同様で，併せて確認されたい．

電力契約が高圧か低圧かの境にある建築では，上記の理由からガス冷暖房を採用することで，低圧契約とするとメリットは大きい．しかし，建築規模が1,000㎡を超えるようになると，電力契約も高圧契約となる．確実に高圧契約となった場合では，ガス冷暖房のメリットも少なくなる．

1階平面図（衛生）　S＝1/75

045

制気口の形状

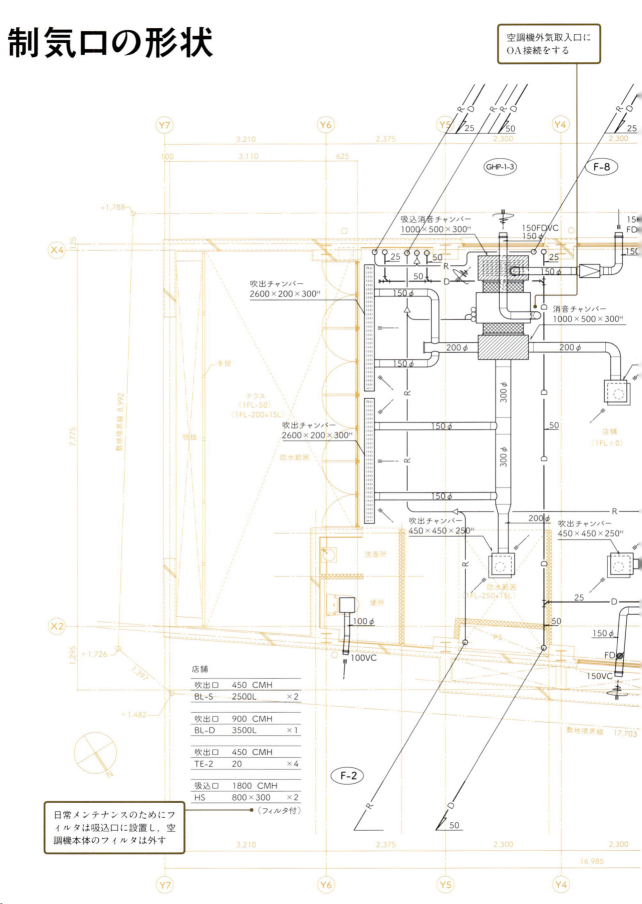

2 小規模オフィス・店舗ビル／機械

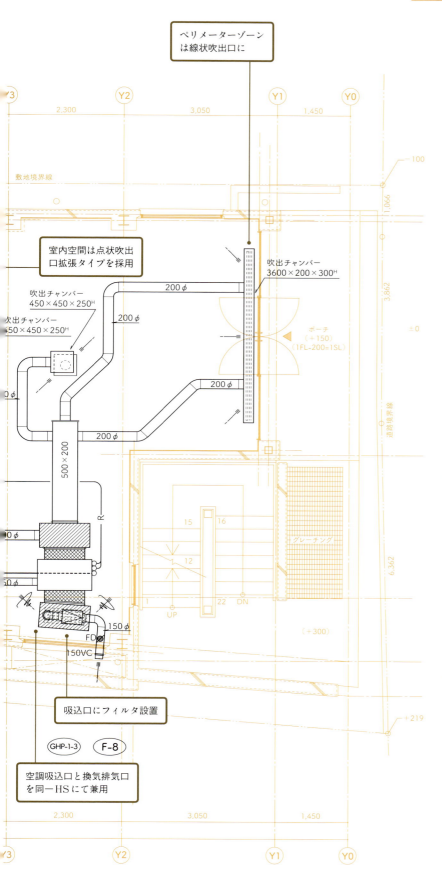

制気口の形状は目的により分けられ、線状の吹出口・吸込口、点状の吹出口、面状の吹出口・吸込口がある．

線状吹出口は、負荷変動の大きな部分にブリーズラインやカームライン、スリットなどを設けて吹き出すことで、負荷の出入りを遮断している．このため主にペリメーター部に設置する傾向にある．ブリーズラインにはブレードが付けられていて、吹出風向を変えることができるが、カームラインやスリットは、吹出風向を変えることはできない．ライン型の吹出口や吸込口では、ライン状の部分で均一に吹き出したり吸い込んだりすることが求められる．このためライン状の吹出口には、吹出チャンバーが必要になる．このことでダクトと吹出口での圧力分布を均一にし、吹出風量を均一化させている．チャンバーは亜鉛鉄板やグラスウールでつくるのが一般である．

点状の吹出口には、ノズルやアネモ、パン型、パンカールーバーなどが代表的で、ノズルは遠方に吹出気流を到達させることができる．アネモやパン型は気流を拡散させることができるために天井面に設置され、パンカールーバーは吹出口の吹出風速や風向きを変えることができるため、スポット利用に適しているが、吸込口としては用いられない．

面状の吹出口として、VHSやHS、ガラリがある．大きな面を用いることで、風速を抑え気味にして用いると効果的ともいえるが、現実には吸込口として利用されている．

※既存給水・ガス管撤去は、本工事とする．

1階平面図（空調・換気） S＝1/75

コージェネレーションの排熱温水を利用

　暖房方式としては，床暖房が快適で，心地よい．頭寒足熱で，暖房の快適性を床暖房で痛感させられる．でも床暖房を何で行うかは，しばしば論議することになる．この問いは，「熱媒として何を用いるか」と同義である．

　温水をパネルやパイプに流す方法と，電気ヒーターで直接加熱する方法がある．温水をつくる熱源としては，ボイラーやヒートポンプとなる．床暖房の初期は，熱媒として蒸気をパイプ（25A程度）に通す方法が主体であったが，現在は温水をパネルに流して放熱させる考え方が主流となっている．本建物では，コージェネレーションの排熱温水を利用している．

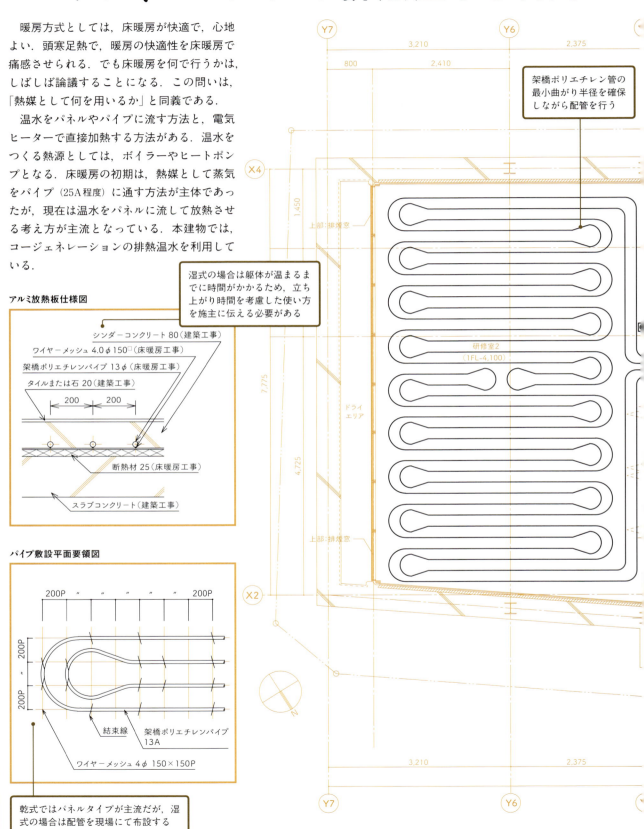

2 小規模オフィス・店舗ビル／機械

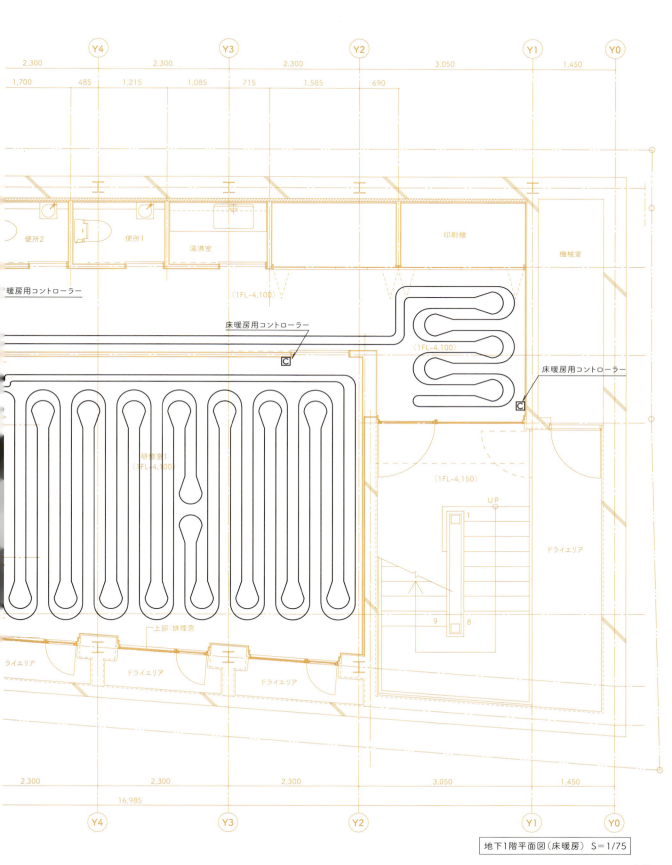

地下1階平面図（床暖房） S＝1/75

ワンフロアの住戸数は最大で3戸．しかし13階の高さがある．建築設備的には11階以上の階があることで，消火設備にスプリンクラー消火，非常放送設備，非常用コンセント設備が追加されている．

3

中規模マンション Y集合住宅

同時使用流量は意外と小さい

　建築物内では，その用途に合わせて衛生器具類が設けられている．その衛生器具が複数あることで，同時使用流量が発生する．その最大値を求めるために，給水器具負荷単位を用いてハンター曲線から同時使用流量を求める．同時使用流量より給水管サイズは摩擦抵抗線図で決定される．

　同時使用流量の考えは，給水本管からの引込口径，また建物内の主たる給水配管サイズを決定する上でとても重要である．一般の建築物では給水器具負荷単位により算出する場合が多い．また集合住宅の場合はべき乗法により算出する．

　衛生器具は2000年以降，水使用量が節水器具へと更新されている．しかし，空気調和・衛生工学便覧や水道局の算定資料では，この給水器具負荷単位は更新もされず，50年以上も前の値を用いている．そこで給水器具負荷単位には，表中に私室と公共用が示されている．この私室用の値を，今日の状況として採用するとよい．

　集合住宅のべき乗法は東京都では2010年に数値が改定されているが，メーカーカタログの数値を採用することが多い．改定後の数値は現在の状況を踏まえて実測により算出されており，節水器具の普及や生活形態の変化により従来の数値より小さく算出されるようになっている．同時流量を過大設計しないためにも最新の計算式を使うことをおすすめしたい．

　また間取りの多様化により，住戸数（ファミリータイプを基本としている）からの算出は現実とかけ離れてしまう場合があるため，住居人数を想定し，べき便法にて算出するのが好ましい．

集合住宅における同時使用流量べき乗法（住居人員による算出式）

　　1〜30人　：$Q = 26P^{0.36}$
　　31人以上　：$Q = 15.2P^{0.51}$
　　　　　Q：同時使用流量〔L／min〕
　　　　　P：住居人数〔人〕

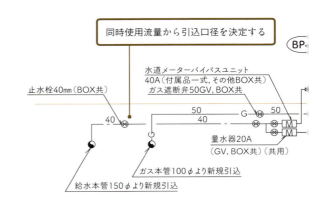

※各MR内には，減圧弁（二次側150Kpa）を設ける．
※排水立管には掃除口を設置する．
※排水立管（オフセット立管含）は，全て規定保温の上，遮音シート二重巻きとする．

3 中規模マンション／機械

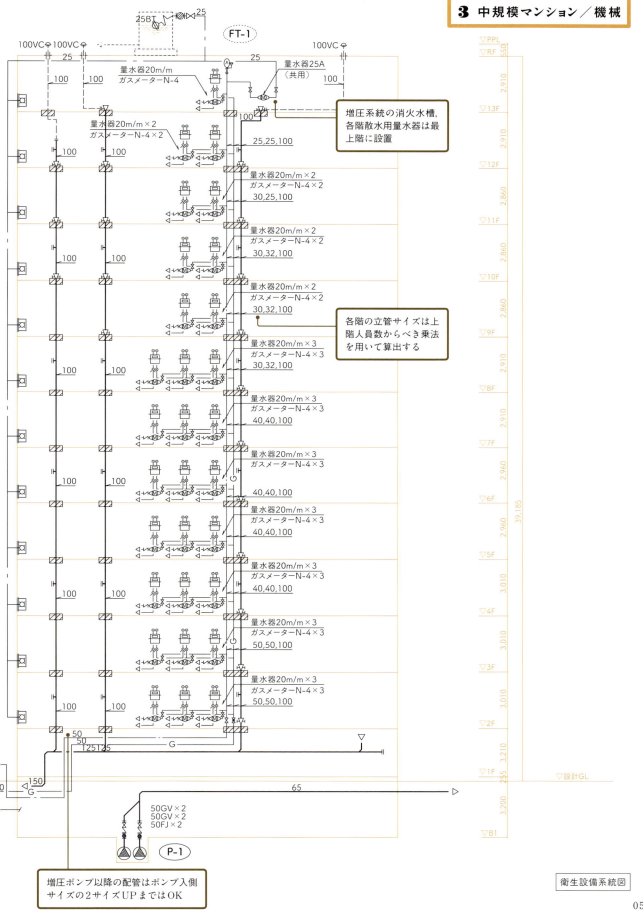

衛生設備系統図

給水方式は
直結給水方式を軸に

　給水計画を行う際には，まず直結給水方式で検討するべきである．

　直結給水方式や増圧直結給水方式に対する水道事業者（水道局等）の許容範囲が拡大する傾向にあるため，小規模・中規模だけではなく，大規模な建築にも直結給水方式が採用可能なケースが増えている．

　直結給水方式と増圧直結給水方式の併用，また増圧直結給水ポンプの2台直列設置も可能である．直結給水方式を採用すると，上水道本管の圧力をそのまま利用するため，受水槽方式に比べて断然省エネルギーである．また水質のよい上水道がそのまま供給されるため，安全で安心である．直結給水方式が不可能な大規模の建物や機能上貯水が必要な建物以外は，極力直結給水方式とすべきである．本建物のような高い建物でも，増圧ポンプ能力は充分に足りている．

　異なる給水方式を一建物で採用することを不可とする水道事業者（水道局）も多いが，考え方を説明することで可能な場合もある．貯湯槽などへの給水で直結給水不可の場合は縁を切るために小さな補給用水槽を設置する．補給用水槽という位置づけをすることで受水槽方式とは異なるとして，直結給水方式の一部のタンクとして位置づけ，建物全体を直結給水とすることも可能である．

> 40～50mm量水器の箱サイズは大きいため，建築との納まりを充分に行い，スペースを確保する必要がある

> 1階の共用部のみ直結方式としている

※雨水貯留浸透施設は文京区の雨水流出抑制に関する指導内容に該当しないため設置しない．
※特記なき場合，給水管・給湯管・ガス管は20Aとする．

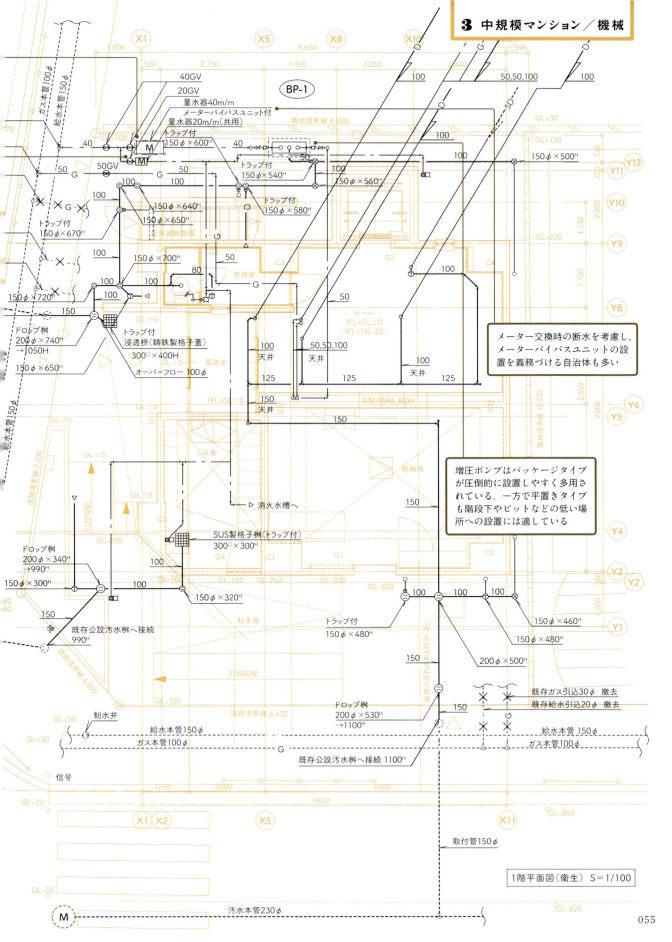

土中配管には防食が必須

　消火用配管の腐食による漏水は，古い建物ではよく発生している．その主な理由は土中埋設管の腐食にある．

　連結送水管の多くは，建物内に配管され，水も使用しない状態であるので，腐食を考慮しない場合が多い．しかし送水口の近くでは土中配管となる場合が多く，腐食することがある．特に水の入った連結送水管はそのおそれがある．

　そこで土中配管となる消火管は外面被覆鋼管を用いるとよい．また防食テープ巻きとすることもあるが，防食テープによる防食は，二重巻きとする必要がある．この土中配管は連結送水管設備の他，スプリンクラー消火設備の送水管，連結散水設備の送水管とも同様な考え方から，防食が必須となる．消火配管全体の大部分は屋内配管で，防食について無頓着でもよいが，この土中部分については十分注意が必要である．

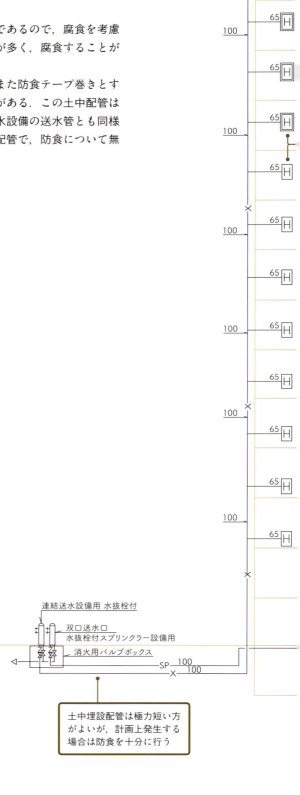

土中埋設配管は極力短い方がよいが，計画上発生する場合は防食を十分に行う

機器表

番号	名称	仕様	
FP-1	湿式スプリンクラー用	圧力タンク組込	
	65φ×720L/min×89M×15kW×AC200v×50Hz		
	呼水槽	—	圧力空気槽	50L
	流量測定装置	判読式	締切全揚程	89m
	湿式スプリンクラー用始動盤（ユニット組込型）		
	15kW×AC200v×50Hz×スターデルタ起動		
FT-1	消火用高置補給水槽	SUS製 耐震1.5G平架台付	
	（詳細図参照）	コンクリート基礎建築工事	
	有効0.5m³以上	寸法 1.0m×1.0m×1.0mH	

ポンプ揚水量 スプリンクラー設備 （居室部は小区画型）	12個同時放水	60L/min×12＝ 720L/min
計		720L/min

消火ポンプ能力計算書	スプリンクラー設備
ポンプ揚水量	60L/min×12個＝720L/min
ポンプ全揚程 管路損失	42.2m
ヘッド損失	10.0m
アラーム弁損失	5.0m
合計	57.2m

水源容量	
スプリンクラー設備	1m³×12＝12.0m³
計	12.0m³

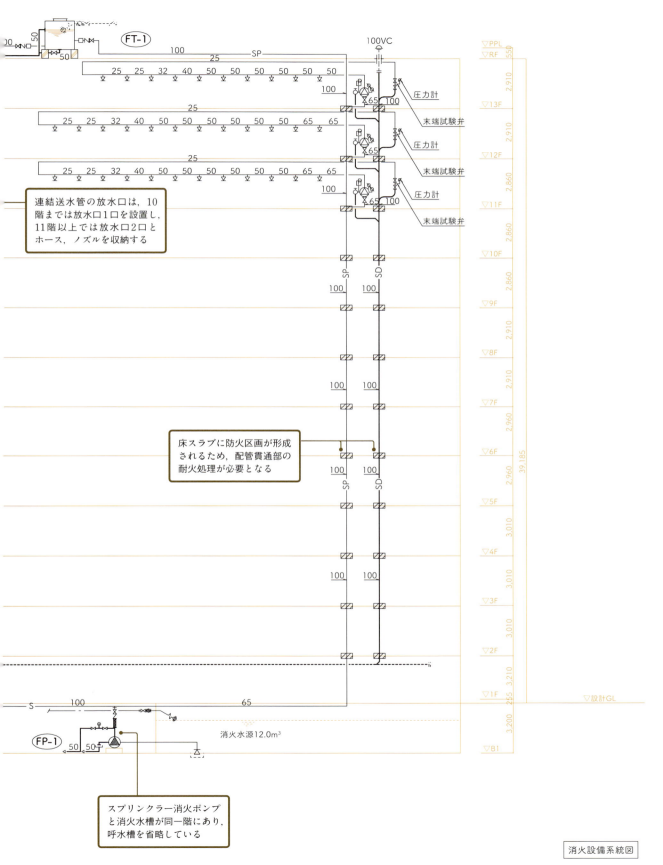

消火設備系統図

シックハウス換気は居室で必要

　シックハウス換気は居室に給気口を設置することになり，換気量については0.5回/H以上として定着している．しかし居室におけるシックハウス換気は天井高によって異なり，天井高が高くなると換気回数は少なくてよいことになっている．一方，天井高が低いと回数は多くなっている．

　シックハウス換気は各居室で完結させるか，住宅のように小さな空間では，トイレ換気や浴室換気をシックハウス兼用換気として用いる例が合理的である．しかしこの場合，居室に外気が直接入ることで，冷暖房を行っている室内温度を乱し，外気取入口の近くでは不快な状態がつくられ，ついには給気口が閉じられることになる．そのため寒冷地での直接の外気取り入れは控えるべきで，全熱交換型換気扇の利用を検討する．

　住宅のシックハウス換気として，便所や浴室換気を兼用したとき，居室の容積に換気系路上の廊下などの非居室空間の容積を加算した換気量を建築確認申請で求められる(場合もある)．

　住宅のシックハウス換気は24時間使用しない建築用途でも求められ，一般に24時間換気と称されている．その理由として，VOCは建材や建具，家具から常時発散しているためで，居室のVOC濃度を上昇させないためでもある．

シックハウスにかかわる機械換気設備

階 部屋タイプ	室名	床面積 (㎡)	平均天井高 (h)	気積 (㎡)	換気種別	必要換気量 (㎥/h) (0.5回/H)	給気機による給気量(A) (㎥/h)	排気機による排気量(B) (㎥/h)	実質換気回数 (n)	設置機器
2-4F Aタイプ	—	25.86	2.55	65.9	第3種	32.97	—	50	0.76	F-3 浴室暖房乾燥換気扇 100φ×50CMH×40Pa
2-4F Bタイプ	—	25.54	2.55	65.1	第3種	32.56	—	50	0.77	F-3 浴室暖房乾燥換気扇 100φ×50CMH×40Pa
2-4F Cタイプ	—	26.14	2.55	66.7	第3種	33.33	—	50	0.75	F-4 浴室暖房乾燥換気扇 100φ×50CMH×40Pa

※天井裏等の措置は使用建材により措置（F☆☆☆以上）を行っている．
※換気扇用スイッチは24時間運転対応のものとする．

※FD点検用の天井点検口450mm角（建築工事）を設置する．
※給気口は開閉式レジスター（花粉除去フィルター付き断熱密閉型）とする．
※シックハウス対応換気給排気口（レンジ給湯器排気含む）の離隔450mm以上
　及び住戸換気ルートの扉UCは20mm以上確保する．

3 中規模マンション／機械

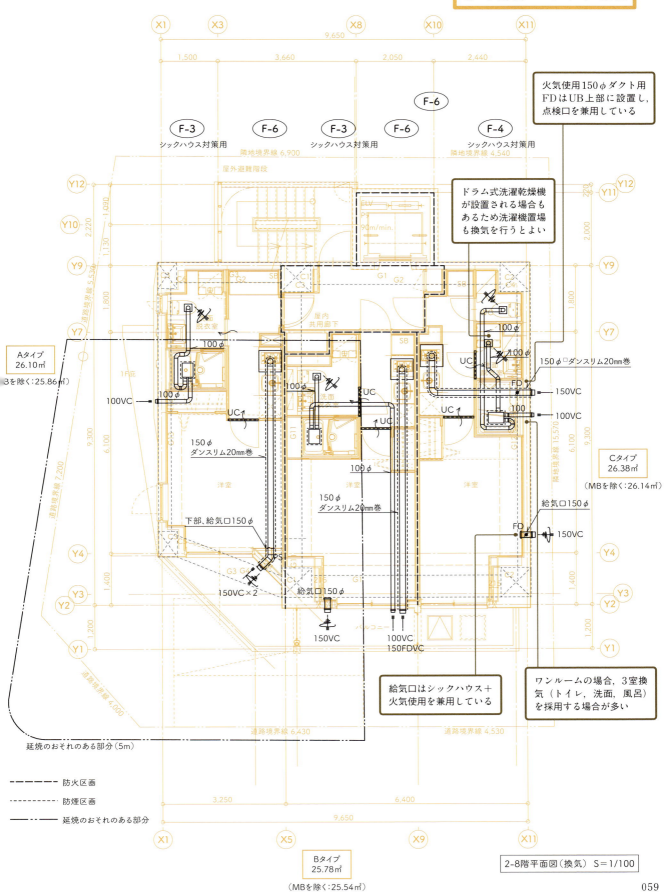

2-8階平面図（換気） S=1/100

弾力供給・低圧2条引込の手法

弾力供給は東京電力管内での手法となるが，電灯49kVA以下，動力49kVA以下であれば，低圧で引込ができる．つまり，電灯と動力を合計すれば98kVA以下であり，契約電力50kW以上は高圧受電となる規定と符合しない考え方がある．

この引込は，さらに深夜電力49kVA以下であればさらにもう1条引込が可能で，最大容量としては147kVA以下まで許容されることになる．仮に高圧受電となれば，受変電設備が必要となり，その設備と設置場所が必要になるが，引込開閉器を設けるだけで済ますことができる．

また東京電力管内での集合住宅においては集合住宅用変圧器設置による高圧引込となる規模であっても電灯引込線を2条（ただし，1条当たり49kVA以下）とし，低圧で受電可能な2条引込という方式もある．弾力供給と同じく極力低圧引込で計画したい場合には条件のよい引込方法である．

低圧受電と高圧受電での違いは，建築設備としては前述のとおりであるが，電気料金上は差異が発生する．基本料金と使用料金が異なり，一般には高圧受電の方が安い．ただし基本料金は高めとなる．大規模建築では高圧受電の方がランニングコストのメリットが大となるが，小中規模建物で敷地の狭いところや受変電設備のメンテナンス費用を節約したい場合などは，低圧の引込はありがたいシステムである．

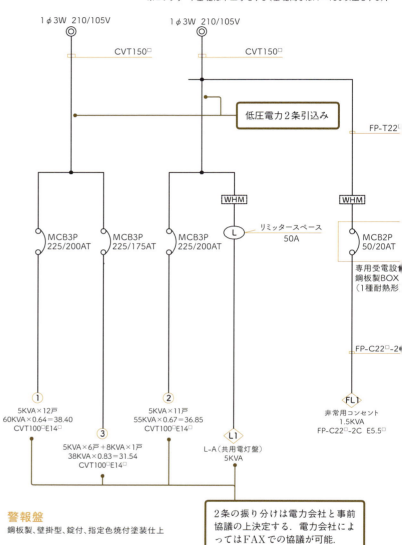

3 中規模マンション／電気

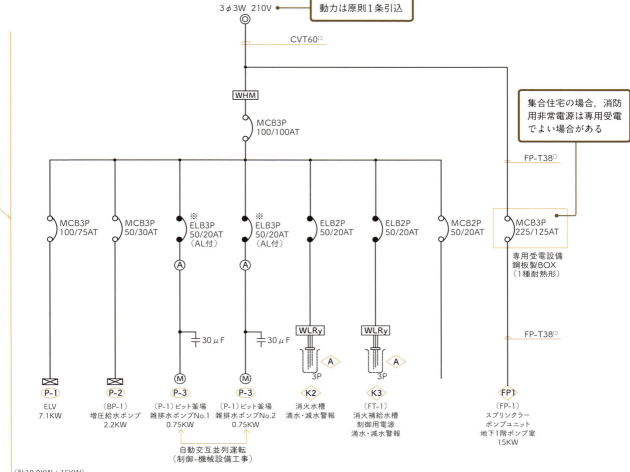

符号	名称	
①	エレベータ	異常
②	増圧給水ポンプ	異常
③	ピット雑排水槽釜場No.1	満水
④	ピット雑排水ポンプNo.1	異常
⑤	ピット雑排水ポンプNo.2	異常
⑥	スプリンクラーポンプユニット	異常
⑦	消火水槽	満水
⑧	消火水槽	減水
⑨	消火補給水槽	満水
⑩	消火補給水槽	減水
⑪	予備	
⑫	予備	
⑬	予備	
⑭	予備	
⑮	予備	

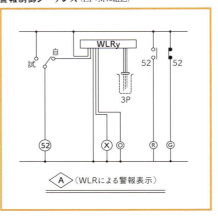

盤結線図

電力負荷に合わせた幹線計画

　受変電後は電力負荷に合わせて幹線計画をする．このとき幹線として電力負荷側へ配線することになるが，電力負荷が小さければ直接分電盤へ幹線配線をすることになる．集合住宅では幹線から分電盤への分岐ケーブル太さを考慮し，幹線サイズが太くならないように何系統かに分けて計画する．

　本建物では3系統に分け，それぞれの幹線を100□としている．

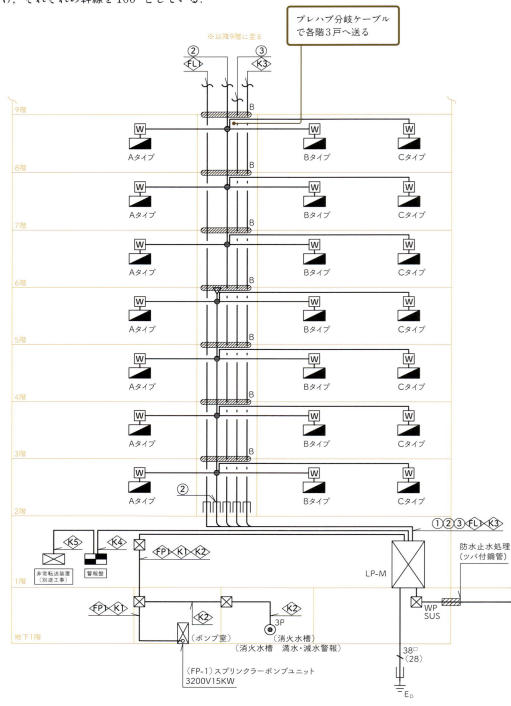

3 中規模マンション／電気

幹線・警報配線サイズ表

幹線記号	負荷名称	ケーブルサイズ	保護管	備考
①	住戸幹線	CVT100□ E14□	E(75)	5KVA×12戸×需要率0.64＝38.40KVA
②	住戸幹線	CVT100□ E14□	E(75)	5KVA×11戸×需要率0.67＝36.85KVA
③	住戸幹線	CVT100□ E14□	E(75)	(5KVA×6戸+8KVA×1戸)×需要率0.83＝31.54KVA
FL1	非常用コンセント(11～13階)	FP-C22□-2C E5.5□	PE(36)	1.5KVA
FP2	(FP-1)スプリンクラーポンプユニット	FP-T38□ E8□	PE(54)	15KW
K1	(警報)スプリンクラーポンプユニット 異常	CVV2□-2C	CD(16),G(16)	消化水槽～LP-M
K2	(警報)消火水槽 満水・減水	CVV2□-3C	CD(16),G(16)	消化水槽～LP-M
K3	(警報)消火補給水槽 満水・減水	CVV2□-3C	CD(16),G(16)	消化補給水槽～LP-M
K4	(警報)LP-M～警報盤	CPEV-S0.9-15P	CD(28)	
K5	(警報)警報盤～非常転送装置(別途工事)	CPEV-S0.9-15P	CD(28)	

※ピット内の配管はPE管を使用すること.

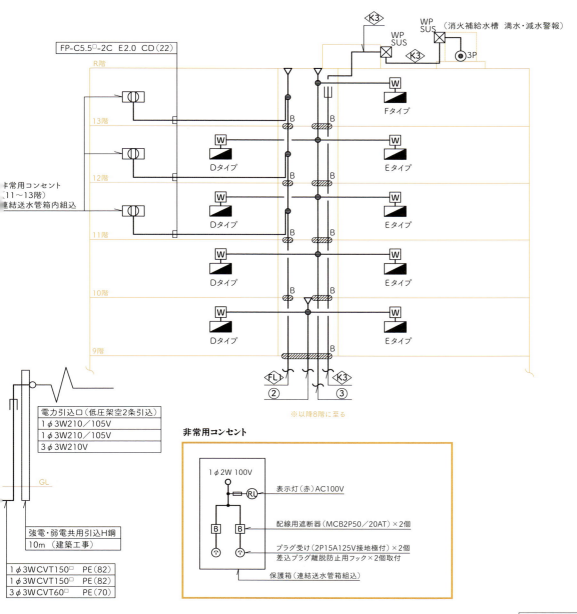

幹線・非常電源設備系統図

引込開閉器盤の位置

　低圧で受電できることには大きなメリットがある．受変電設備を設ける必要がなくなることでイニシャルコストおよび保守管理コストを削減し，設置する場所も省くことができるからである．

　低圧受電の場合，動力回路や電灯回路の中心的位置に引込開閉器を設けることがよい．引込開閉器盤は大きくても，2000W×2000H×300Dぐらいであれば足りる．それを倉庫や通路の一部に設置することもできる．場合によっては，この引込開閉器盤に弱電盤を組み込ませることも容易である．

　電力需要としては低圧受電での範囲であり，建築的規模も大きくはない．電灯と動力を合わせた契約電力として50kW未満であるから配電盤は無用で，引込開閉器盤から分電盤へと幹線を確保すればよい．

　これらを総合的に判断すれば，引込開閉器盤の位置は地上1階がよく，前述した一部屋となる．このとき，建物の用途によっては共用部を要し，他はテナントの電力計も引込開閉器盤内に設けることで，区分を明快にすることも考えられる．

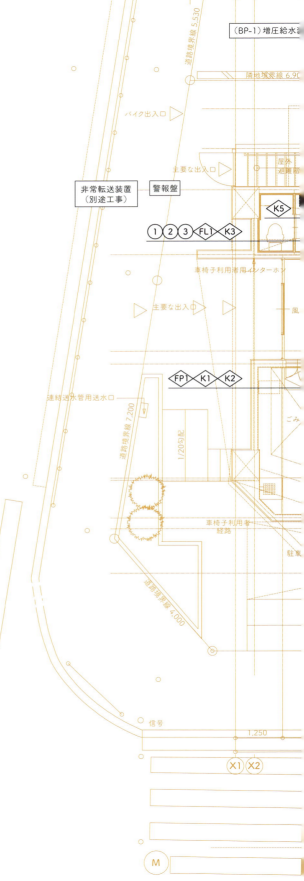

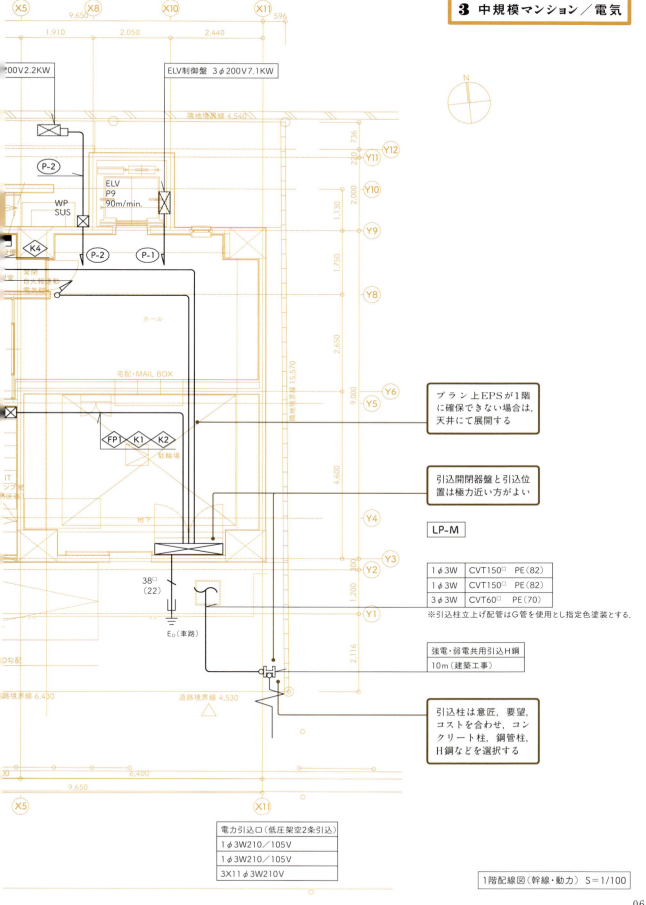

照明器具の設置方法

共用部用照明姿図

誘A 誘導灯専用LED×1

避難口誘導灯C級
電池内蔵型
片面型
壁・天井直付・吊下型
避難口用

A LED7.9W（電球色）
100形（FDL27形器具相当）
ダウンライト　天井埋込型

E LED5.8W（防雨型）（電球色）
40形電球相当
ブラケット　壁直付型

非A LED1.0W（BT内蔵型）
非常時・非常時LED点灯／常時消灯

非常用照明　天井埋込型
電球　：LED内蔵
レンズ：ガラス
枠　　：鋼板
電線　：架橋ポリエチレン絶縁電線
蓄電池：ニッケル水素電池

器具取付高さ		2.1m	2.4m	2.6m	3.0m	4.0m
単体配置	A1	4.2	4.6	4.7	4.9	3.3
直線配置	A2	9.3	10.2	10.8	11.9	12.9
四角配置	A4	7.4	8.2	8.7	9.6	11.7

B LED13.3W（電球色）
150形（FHT32形器具相当）
ダウンライト　天井埋込型

F LED電球6.7W（E26）×1
（防雨型）（電球色）
40形電球相当
ブラケットライト　壁直付型

非B LDL37W（BT内蔵型）
非常時LED点灯（Hf32形高出力型器具相当）

非常用照明　天井直付型
電球　：LED内蔵
本体　：亜鉛銅版
反射板：亜鉛銅版
電線　：架橋ポリエチレン絶縁電線
蓄電池：ニッケル水素電池

C LED11W（集光）（電球色）
100形電球相当
ダウンライト　天井埋込型

G LED電球10W（E26）×1
（防雨型）（電球色）
50形電球相当
スポットライト　地中埋込型

D LED13W（防雨型）（電球色）
150形（FHT32形器具相当）
ダウンライト　天井埋込型
軒下灯

H LED電球5.2W（E17）×1
（防雨型）（電球色）
50形電球相当
アッパーライト　地中埋込型

器具取付高さ		2.1m	2.4m	2.6m	3.0m	4.0m	5.0m	6.0m
単体配置	A1	5.8	6.1	6.2	6.5	7.0	7.4	7.5
	B1	4.8	4.8	5.0	5.3	5.8	6.2	6.4
直線配置	A2	14.4	15.1	15.6	16.3	17.9	19.1	20.0
	B2	10.9	11.6	12.0	12.8	14.5	15.8	16.7
四角配置	A4	13.4	13.8	14.2	15.0	16.6	17.8	18.8
	B4	10.7	11.4	11.7	12.3	13.6	14.7	15.7

I1 LED15W（電球色L30）
I2 LED32W（電球色L30）
間接照明

3 中規模マンション／電気

集合住宅の照明は，共用部と専有部に分けて計画することになる．その運用も共用部は共同で管理をされるため，照明器具も長寿命で用いられる．一方，専有部は個人所有での運用で，好みや生活環境も異なるため，共同住宅全体を見たときの明かりに違和感を発生させる．

住戸用照明姿図

❶特記なき白熱電球定格電圧は，110Vとする．
❷ランプは予備品として10%見込むこと．
❸ランプ仕様（電球・蛍光灯）は施工時再度打ち合わせにて決定すること．
❹非常照明器具の構造等については，建築基準法施行令第5節第126条の4並びに建設省告示構造基準による．

照明器具取付
a. 照明器具の取付には，予め充分なる振止め重量支持方法等考慮し，天井面に正確に合わせ連結の場合は通りよく取付けるものとし，特に埋込器具の光漏れに対しては注意するものとする．
b. 器具取付のための工作及び，取付に必要な補強に要する諸材料は，この工事の諸負者の負担とする．

照明器具姿図

照明点灯方法で
ライトコントロール

　照明器具と配灯が決まれば，点灯方式を決めることになる．一般にこの点灯は，点滅ができればよいが，点灯状態によって明るさや雰囲気を決めたりする．

　点滅は目的によって方法が異なるが，出入口近くにスイッチを設け，ON／OFFをすることが基本の片切スイッチ，2か所からON／OFFが行える3路スイッチ，3か所以上からON／OFFできる4路スイッチが一般的である．共用部など人による点滅が適さない場所には，自動点滅器と24時間タイマーの組み合わせや，人感センサーなどを利用する．

Ⓔ （11〜13階誘導灯）　5.5□×2　E2.0　CD（22）
⑩④ （2〜7階共用廊下電灯）　5.5□×6　E2.0　CD（28）
⑩⑤ （8〜13階共用廊下電灯）　5.5□×6　E2.0　CD（28）

⑩⑦ （SPポンプ室電灯）VVF2.0－2C×2（1CE）　CD（22）

❶特記なき配管配線は下記による．

———	VVF2.0－2C	CD（22）
—///—	VVF2.0－3C	CD（22）
—//——	VVF2.0－3C（1CE）	CD（22）
—///——	VVF2.0－2C＋3C（1CE）	CD（28）
—////——	VVF2.0－2C×2＋3C（1CE）	CD（28）
—/////——	VVF2.0－3C×3（1CE）	CD（28）
—//——	CV3.5□－3C（1CE）	FEP（30）
—///——	CV3.5□－2C＋3C（1CE）	FEP（30）

※2重天井内及びピット内ケーブルラック上の配線はVVF及びCVケーブルコロガシ配線可とする．

❷共用灯の点滅方式は下記とする．
　（イ）……24時間点灯（終日灯）
　（ロ）……日入〜日出（常夜灯）
　（ハ）……日入〜深夜（一般灯）

❸配線器具プレートは，新金属プレートとする．

3 中規模マンション／電気

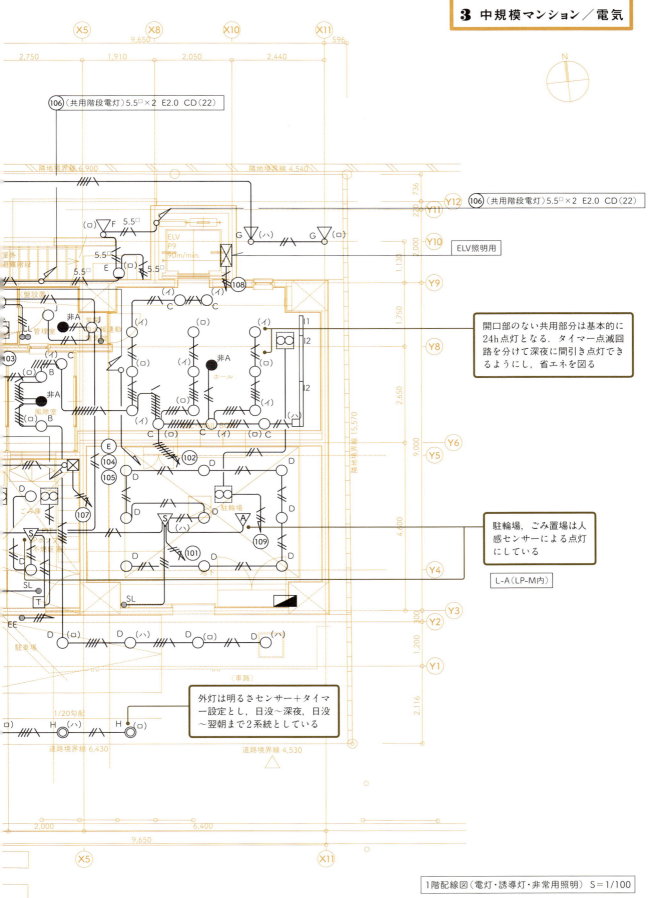

1階配線図（電灯・誘導灯・非常用照明） S＝1/100

コンセントの用途

　一般にコンセントは何らかの用途として用いられている．机の近くではパソコン用，リビングルームではAV用機器電源で，TV用はかなり多い．台所では電子レンジ用，冷蔵庫用，食洗器用は専用電源として確保される．そして便所では便器ごとに専用回路として電源を確保することが多くなっている．

　また特定用途でないコンセントでも，保守点検用として，掃除機電源としての利用などを想像している．そのためコンセント用途が特定していれば使用電力もわかるため，電流値として15A以下に納められるよう設計することが可能となる．

　コンセントでは目的がはっきりしない場合もあり，何かで使えるようにとの思いから設けられている場合もある．この場合は一つのコンセント当たり150W程度を見込んで1回路とすることが多い．電灯ばかりでなく，動力用としてコンセントを使用する場合もある．

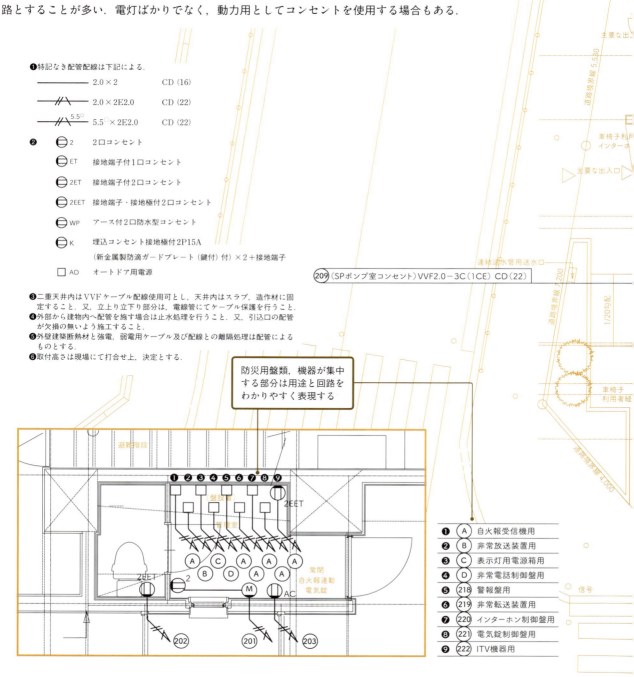

070

3 中規模マンション／電気

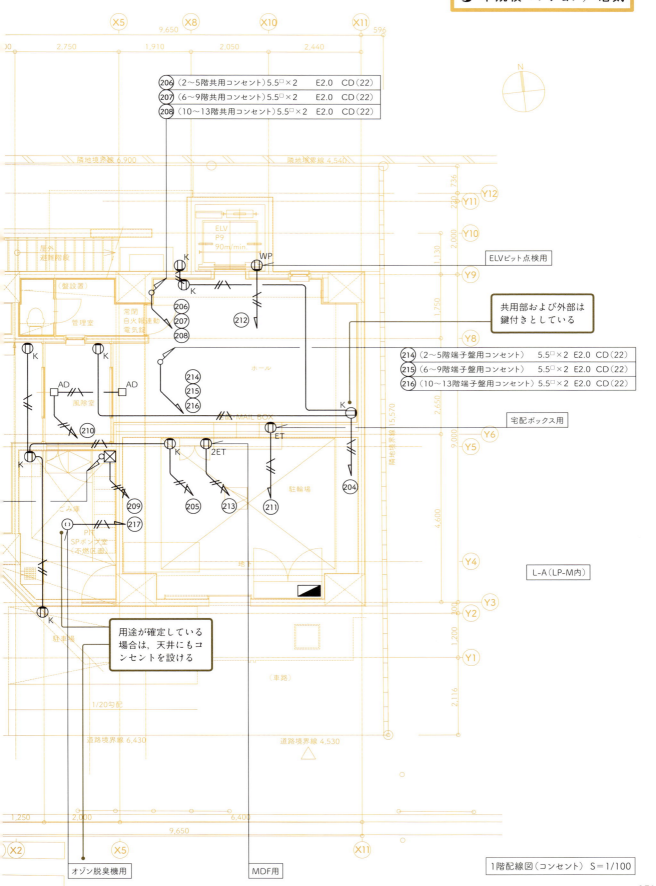

1階配線図（コンセント）　S＝1/100

回線数の計画は減少傾向とすべき

集合住宅ではTVを視聴するためにアンテナ，光，CATVなどがあり，施主を含めた検討が必要となる．このときキーワードとなるのが，光ファイバーでの情報との共聴視である．また高層建築の場合，近隣対策として電波障害用アンテナ設置の計画も必要となる．そのため個人電話も多くなり，家電話について回線数の計画は減少傾向とすべきである．

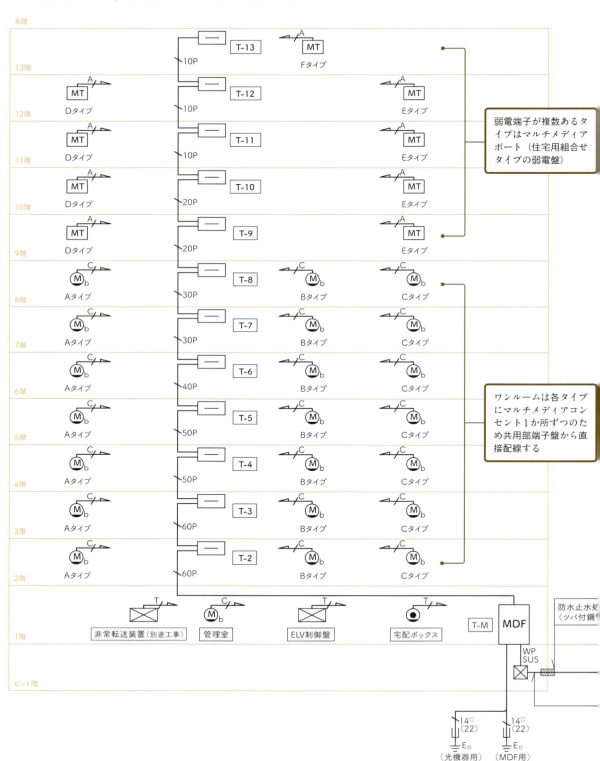

3 中規模マンション／電気

端子盤リスト
・鋼板製 接地端子付 指定色塗装仕上 (T-M)
・共用廊下天井内木板18t取付（点検口は建築工事）…T-2〜T-13

	電話	LAN	テレビ共聴	放送	備考
T-M (MDF)	140P 保安器スペース 70P	PT取付スペース×1 光スプリッタスペース	TV-1収納	—	屋外埋込防水型 上下部配線スペース コンセント 2P15A×2+ET付 ×2
T-2	60P				
T-3	60P				
T-4	50P		TV-2収納		
T-5	50P				
T-6	40P				
T-7	30P	光スプリッタスペース		回線分割ユニット	コンセント 2P15A×2+ET付
T-8	30P				
T-9	20P				
T-10	20P		TV-3収納		
T-11	10P				
T-12	10P				
T-13	10P				

※端子盤内の光スプリッタスペースはNTTと十分打合せの決定とすること．
※NTT用光スプリッタスペース：250×250×40

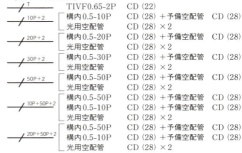

❶特記なき配管配線は下記による．
【電話・LAN設備】

記号				
T	TIVF0.65-2P	CD (22)		
10P+2	構内 0.5-10P	CD (28)	+予備空配管	CD (28)
	光用空配管	CD (28)×2		
20P+2	構内 0.5-20P	CD (28)	+予備空配管	CD (28)
	光用空配管	CD (28)×2		
30P+2	構内 0.5-30P	CD (28)	+予備空配管	CD (28)
	光用空配管	CD (28)×2		
50P+2	構内 0.5-50P	CD (28)	+予備空配管	CD (28)
	光用空配管	CD (28)×2		
10P+50P+2	構内 0.5-50P	CD (28)	+予備空配管	CD (28)
	構内 0.5-10P	CD (28)	+予備空配管	CD (28)
	光用空配管	CD (28)×2		
20P+50P+2	構内 0.5-50P	CD (28)	+予備空配管	CD (28)
	構内 0.5-20P	CD (28)	+予備空配管	CD (28)
	光用空配管	CD (28)×2		

【電話・光・LAN・TV共聴設備共通】

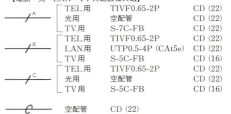

A	TEL用	TIVF0.65-2P	CD (22)
	光用	空配管	CD (22)
	TV用	S-7C-FB	CD (22)
B	TEL用	TIVF0.65-2P	CD (22)
	LAN用	UTP0.5-4P (CAt5e)	CD (22)
	TV用	S-5C-FB	CD (16)
C	TEL用	TIVF0.65-2P	CD (22)
	光用	空配管	CD (22)
	TV用	S-5C-FB	CD (16)
	空配管	CD (22)	

❷図中，特記なきは下記とする．
- 弱電端子盤（IDF-木板取付）
- TEL用 モジュラジャック 6極2芯×2口
- Ma マルチメディアコンセント（セパ付）（住戸）
  - 連用埋込コンセント 2P15AE×2口+ET付
  - TEL用モジュラジャック 6極4芯×1口
  - LAN用モジュラジャック 8極8芯×1口（CAt5e）
  - TV用ユニット UHF/BS（CS110）-2口
- Mb マルチメディアコンセント（セパ付）（住戸）
  - 連用埋込コンセント 2P15AE×2口+ET付
  - TEL用モジュラジャック 6極4芯×1口
  - TV用ユニット UHF/BS（CS110）-2口

❸空配管には呼び線を挿入すること．
❹プルボックス・ジャンクションボックスには使用用途を明記し，配線には行先表示をすること．
❺ボックスレスは不可とする．
❻特記なき接地工事は下記とする．
・MDFにD種接地工事を施すこと．
・各端子盤にD種接地工事を施すこと（幹線IV14，分岐IV8）．
❼端末はコンデンサー付とする．
❽引込口から水が入らないよう止水処理を施すこと．
❾各端子盤内は強電・弱電区画用にセパレーターを取付けること．
❿電話引込，整端は全て本工事とする．
⓫インターネット接続業者は打合せを十分にし，引込及び接続工事を行うこと．

住戸内詳細図

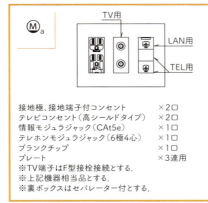

接地極、接地端子付コンセント	×2口
テレビコンセント（高シールドタイプ）	×2口
情報モジュラジャック（CAt5e）	×1口
テレホンモジュラジャック（6極4心）	×1口
ブランクチップ	×1口
プレート	×3連用

※TV端子はF型接栓接続とする．
※上記機器相当品とする．
※裏ボックスはセパレーター付とする．

住戸内詳細図

接地極、接地端子付コンセント	×2口
テレビコンセント（高シールドタイプ）	×2口
テレホンモジュラジャック（6極4心）	×1口
ブランクチップ	×2口
プレート	×3連用

※TV端子はF型接栓接続とする．
※上記機器相当品とする．
※裏ボックスはセパレーター付とする．

電話・光・LAN設備系統図

TV共聴視設備

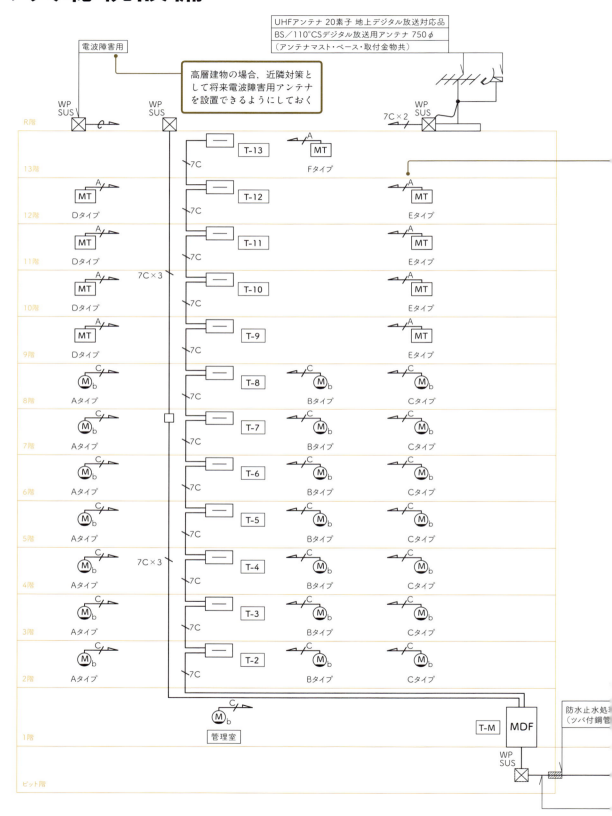

3 中規模マンション／電気

❶ テレビアンテナ，マスト，ポール，ベース，取付ボルト類は全てSUS製とする．
❷ テレビ用配管・配線は，屋上スラブには打込まず梁の中を経由し，パラペット立上り又は該当基礎アゴから引出しとする．又，配管周囲は止水シールコーキング処理を行うこと．
❸ 取付ボルトには，防水キャップ取付とする．
❹ 図中のアンテナ用コンクリート基礎は，全て建築工事とし，ベースプレートより150～200mm大きく打設し，金ゴテ仕上及び防水工事施工後に取付を行うこと．
❺ テレビアンテナ自立型取付台ベースには，防振ゴムを設置する．

すべての配線を記載すると情報が多くなるため，凡例にて記号化している

TV-1～TV-4は，TVの増幅と分波を行っている．TV-1は，T-M盤内に収納されている．TV-2は，T-2からT-8盤内に設けられている．TV-3はT-9からT-12盤内に設けられ，TV-4はT-13盤内に設けられている

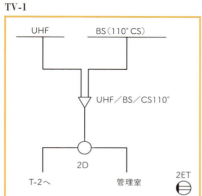

❶ 特記なき配管配線は下記による．
【電話・LAN設備】
　電波障害用　　空配管　　　　　　　　G（22）
　テレビ共聴　　S-7C-FB　　　　　　　CD（22）
　UHF　　　　S-7C-FB　　　　　　　G（22）
　BS（CS110°）S-7C-FB　　　　　　　G（22）
　UHF　　　　S-7C-FB　　　　　　　CD（22）
　BS（CS110°）S-7C-FB　　　　　　　CD（22）
　電波障害用　　空配管　　　　　　　　CD（22）
【電話・光・LAN・TV共聴設備共通】
　TEL用　　　TIVF0.65-2P　　　　　CD（22）
　光用　　　　空配管　　　　　　　　　CD（22）
　TV用　　　S-7C-FB　　　　　　　CD（22）
　TEL用　　　TIVF0.65-2P　　　　　CD（22）
　LAN用　　　UTP0.5-4P（Cat5e）　　CD（22）
　TV用　　　S-5C-FB　　　　　　　CD（16）
　TEL用　　　TIVF0.65-2P　　　　　CD（22）
　光用　　　　空配管　　　　　　　　　CD（22）
　TV用　　　S-5C-FB　　　　　　　CD（16）
　　　　　　　空配管　　　　　　　　　CD（22）

❷ 図中，特記なきは下記とする．
　　　弱電端子盤（IDF-木板取付）
　　　TV用ユニット　UHF/BS（CS110°）-2口
　Ma　マルチメディアコンセント（セパ付）（住戸）
　　　　連用埋込コンセント　2P15AE×2口＋ET付
　　　　TEL用モジュラジャック　6極4芯×1口
　　　　LAN用モジュラジャック　8極8芯×1口（CAt5e）
　　　　TV用ユニット　UHF/BS（CS110°）-2口
　Mb　マルチメディアコンセント（セパ付）（住戸）
　　　　連用埋込コンセント　2P15AE×2口＋ET付
　　　　TEL用モジュラジャック　6極4芯×1口
　　　　TV用ユニット　UHF/BS（CS110°）-2口

❸ 空配管には呼び線を挿入すること．
❹ テレビアンテナ，ポール，ベース，取付ボルト類は全てSUS製とする．
❺ 本設備は，UHF及びBS，CS，各デジタル放送に対応したものとする．
❻ テレビ分配器の余った回路には，ダミー抵抗を取付とする．
❼ 増幅器は770MHz双方向型，分岐分配器はF型接栓型を使用すること．
❽ 最上階屋上スラブへの打込配管は禁止とする．
❾ 各端子盤，中継ボックス内のケーブルには行先表示，各中継ボックスには使用用途を明記すること．
❿ 外壁にボックスを打込む場合は，結露防止カバーを取り付けること．
⓫ 引込口から水が入らないよう止水処理を施すこと．
⓬ 配線器具等は遮音性を考慮し，戸境壁に設けない．

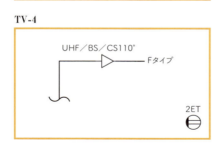

TV共聴設備系統図

電話，TV，LANの分岐

省スペースのために点検口のあるユニットバス天井裏へ収容する場合も多い

マルチメディアポートは組合せ弱電盤で後から居住者が見てもわかりやすいので使いやすい

工事金額を抑える場合は木板に端子台，分配器を取り付ける場合もある

住戸内詳細図 2LDK／Fタイプ

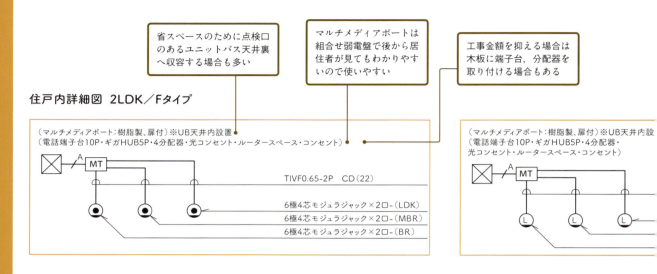

住戸内詳細図 1LDK／D・Eタイプ

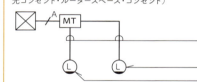

住戸内詳細図 1K／A・B・Cタイプ

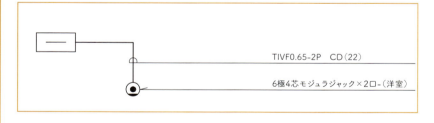
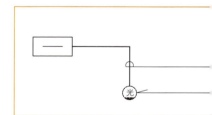

管理室詳細図

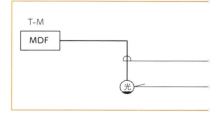

3 中規模マンション／電気

　電話，TV，LANは弱電設備の一部であり，これらを情報設備として扱うことも多くなった．そのため各階に設けられる弱電盤から住戸へ分岐するときにはマルチメディアポート（MT）に接続し，MTより電話，TV，LANと分けて配線する．分岐が1か所しかない小規模住戸や管理室にはMTは無用となる．

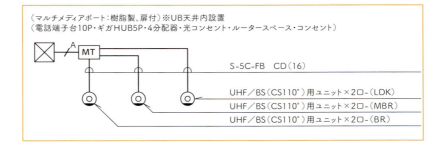

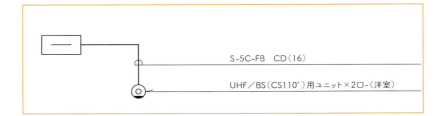

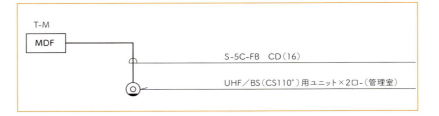

弱電設備　住戸内詳細図

ITV設備の使い方

ITV設備はカメラを各所に設けてモニターに表示し、これを見ながら警備することも可能である。一方、モニターを設けず、万が一の記憶データとしても使用できる。

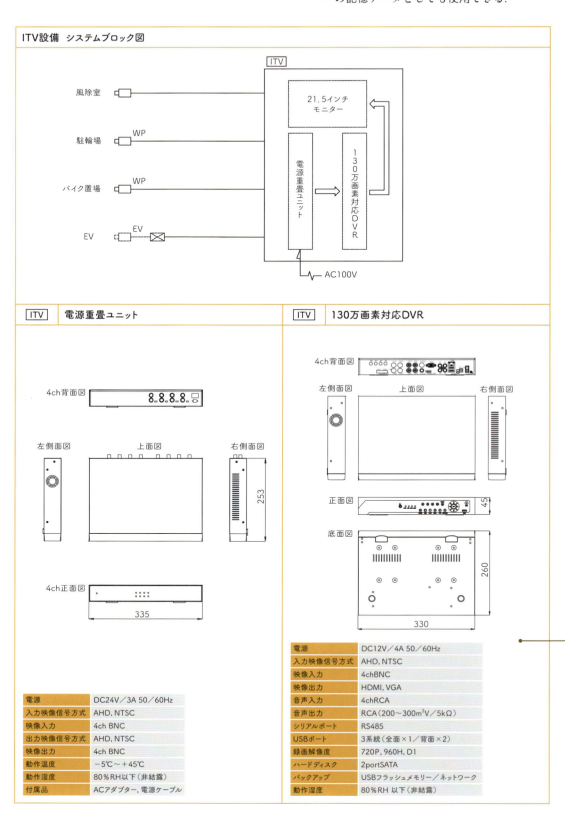

3 中規模マンション／電気

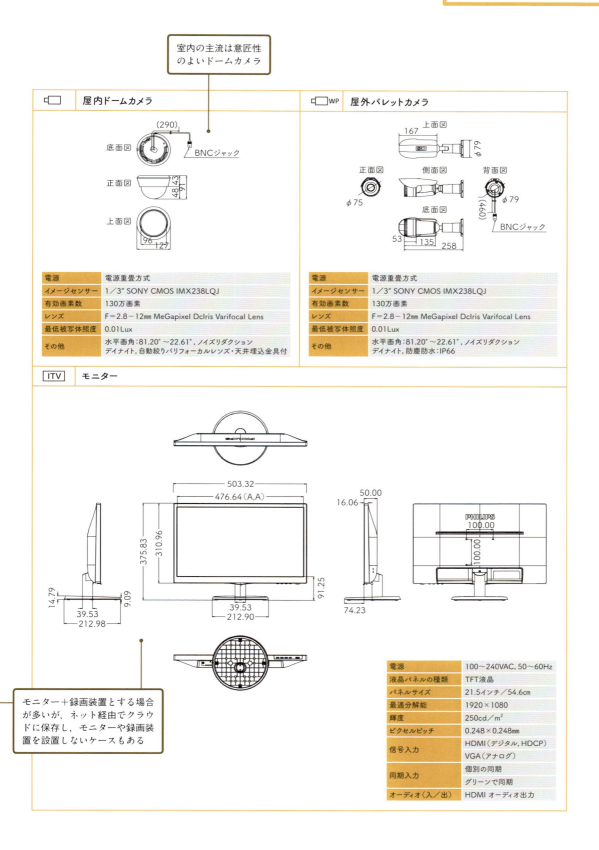

ITV設備　ブロック図・機器姿図

集合住宅用インターホンの活用

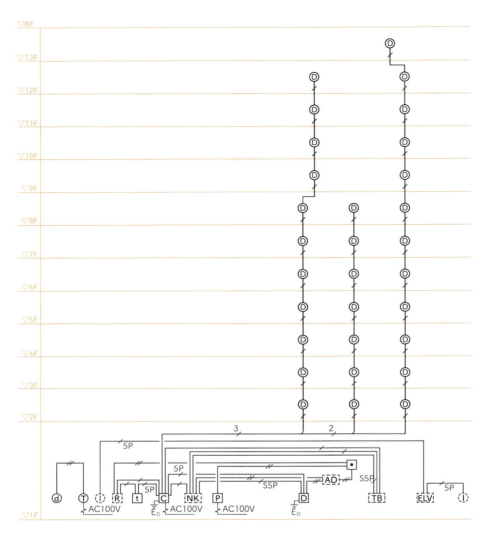

❶住戸内詳細図

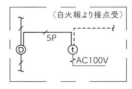

❷特記なき配管配線は下記とする．

記号	種別	(管種)
─//─	AE0.9-2C	(CD16)
─/─	CPEV0.9-3P	(CD22)
─n─	CPEV0.9-3P	(CD22)×n
─5P─	CPEV0.9-5P	(CD22)
─S5P─	CPEV-S0.9-5P	(CD22)

※Ｓ付ケーブルはアルミシールド保護とする．

❸特記なき機器凡例は下記とする．

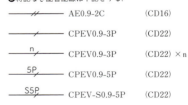

機能一覧

①セキュリティ（非常）	■有り	
②セキュリティ（火災）	■有り	□無し
省令40号対応	□共住用	□住戸用	■対応無し
③セキュリティ（ガス）	□有り	■無し
④セキュリティ（防犯）	□有り	■無し
⑤セキュリティ移報	■有り	□無し
⑥通話路・映像路	■1通話1映像路	□2通話2映像路
⑦管理室親機	■有り	□無し
⑧宅配着荷表示	■集合玄関機	□住宅情報盤
⑨エレベータ連動	■有り	□無し
⑩ITシステム連動	□有り	■無し
⑪集合玄関機組込キー	■逆マスター	□非接触キー
⑫住戸玄関カラーカメラ	□有り	■無し
⑬住宅情報盤操作方式	ハンズフリータッチパネル方式
⑭留守録音	■有り	
⑮管理室からお知らせ録音	■有り	
⑯来客録画	□有り	■無し

3 中規模マンション／電気

弱電設備として，共同住宅では集合住宅用インターホンが必要となる．集合住宅用インターホンは玄関ドアの管理，エレベータ制御，非常時の警報発信にも活用できるようになっている．

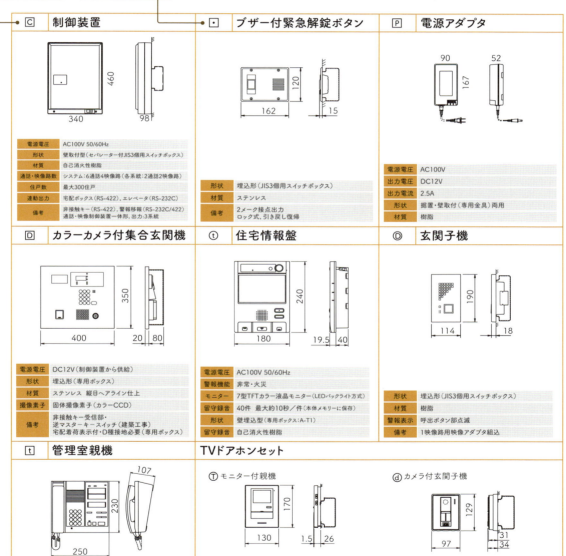

- 制御装置を介してエレベータ，宅配ボックス，インターホンなど，すべての情報をとりまとめている
- 火災時の消防対応として設置する
- 車椅子利用者のために個別インターホンを設置し，点字ブロック対応を免除することもある

インターホン設備系統図・機器姿図

非常放送設備の設置場所

集合住宅においても規模が一定以上となると，非常放送設備が必要となる．非常放送装置（アンプ）の設置場所も必要となるため，早い段階から建築計画上に盛り込む必要がある．

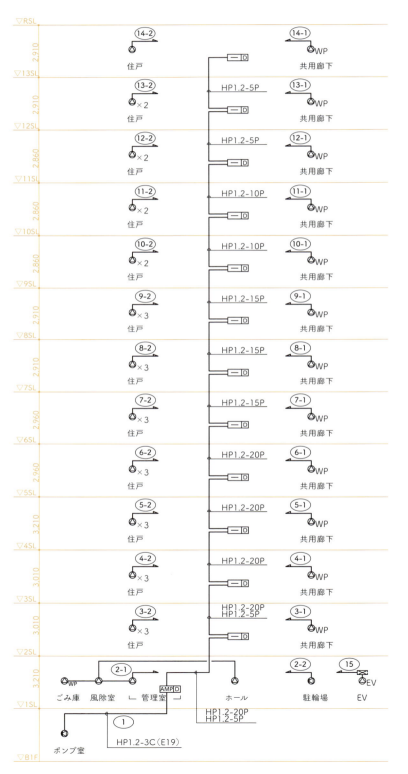

3 中規模マンション／電気

スピーカー容量表

非常放送系統番号	業務放送系統番号	階	放送エリア	使用スピーカー種類・入力（W）・数量 ◎ 1W	WP 1W	● 1W	EV 1W	合計
①	1	B1階	ポンプ室			1		1W
②-1	2	1階	管理室,風除室,ごみ庫,ホール	3	1			4W
②-2			駐輪場			1		1W
③-1	3	2階	共用廊下		1			1W
③-2			住戸	3				3W
④-1	4	3階	共用廊下		1			1W
④-2			住戸	3				3W
⑤-1	5	4階	共用廊下		1			1W
⑤-2			住戸	3				3W
⑥-1	6	5階	共用廊下		1			1W
⑥-2			住戸	3				3W
⑦-1	7	6階	共用廊下		1			1W
⑦-2			住戸	3				3W
⑧-1	8	7階	共用廊下		1			1W
⑧-2			住戸	3				3W
⑨-1	9	8階	共用廊下		1			1W
⑨-2			住戸	3				3W
⑩-1	10	9階	共用廊下		1			1W
⑩-2			住戸	2				2W
⑪-1	11	10階	共用廊下		1			1W
⑪-2			住戸	2				2W
⑫-1	12	11階	共用廊下		1			1W
⑫-2			住戸	2				2W
⑬-1	13	12階	共用廊下		1			1W
⑬-2			住戸	2				2W
⑭-1	14	13階	共用廊下		1			1W
⑭-2			住戸	1				1W
⑮	15		EV				1	1W
合計（台）				33	13	2	1	49
合計（W）				33	13	2	1	49W

特記なき配管配線は下記とする．
HP1.2-3C　保護管（CD16）

※二重天井内はコロガシ配線とし，立上げ・引下げ壁・梁貫通部は上記保護管により保護のこと．
※ケーブルの防火区画及び防火上主要な間仕切の貫通部は，
・防火区画貫通処理（国土交通大臣認定工法）：壁貫通
・防火区画貫通処理（国土交通大臣認定工法）：床貫通
・壁貫通配管　区画貫通処理（無収縮性モルタル埋め処理）
・梁貫通スリーブ　無処理　ケーブル通過部分ゴムシート処理

放送設備系統図・機器姿図

雷保護

雷保護は雷から建物を保護するため，建築の高さが地上20mを超えた場合に要求される設備である．それ以外としては文化財的建築物を雷から保護する目的で設けられる．

雷保護は，建築設備上は外部雷保護として設置している．しかし建築内部には多くの電気，電子機器類が接続されているため，内部雷保護システムも考慮する必要もある．外部雷保護として，受雷部として突針，水平導体，メッシュ導体があり，これらで建物を保護することになる．その後，引下げ導体で接地極まで導いている．

引下げ導体は鉄骨や鉄筋に接続して省略することも可能である．内部雷保護システムは建物への落雷や近傍への落雷により，電力線，通信線，接地極を通じて雷電流が侵入しないよう，機器類を保護するシステムで，電源用，通信用，LAN用，アンテナ用雷サージ保護デバイス(S.P.D)を設置する必要がある．

凡例

記号	名称・仕様
①	突針(JIS中型)(脱落防止機構付・クロームメッキ) 自立型支援管 STK5.0m(76.3φ(3.2)-5.0m) 支援管取付台(STK)
②	中継用端子函(3方分岐用)(露出型・黄銅製)
③	導線引出金物(パラペット用水切端子)
④	導線引出金物(鉄筋用) 鉄筋溶接(溶接用鉄筋2本(建築工事)に溶接)
⑤	避雷導線(銅導線2.0/13) 銅導線取付金物(0.6m間隔にて支持取付)
⑥	銅導線2.0/13 PF(28)
⑦	試験用端子函(接地極標示板取付)(埋込型・黄銅型)
⑧	2.0/13 VE(28) 5.5□×2 VE(28)
⑨	接地銅板 900□×1.5t(10Ω以下)

❶避雷銅帯は，0.6m間隔で取付金物にて固定すること．
❷避雷銅帯は，30m以内毎にて伸縮端子を設置すること．
❸避雷銅帯と1.5m以内の金物は，1V14にて接地をとること．
❹屋上スラブに避雷導線は打込まないものとし，梁の中を配管・配線し，配線引出しは全てアゴから行うものとする．又，配管周囲は止水シールコーキング処理を行うこと．
❺取付ボルト(SUS)はダブルナット(SUS)とし，防水キャップ取付とすること．
❻接地銅板(EA)の埋設深さはGL-0.5m以上とする．
❼施工はJIS A4201-1992に準拠すること．
❽突針は脱落防止機構付とする．
❾機器・配線は全て敷地内に設置すること．

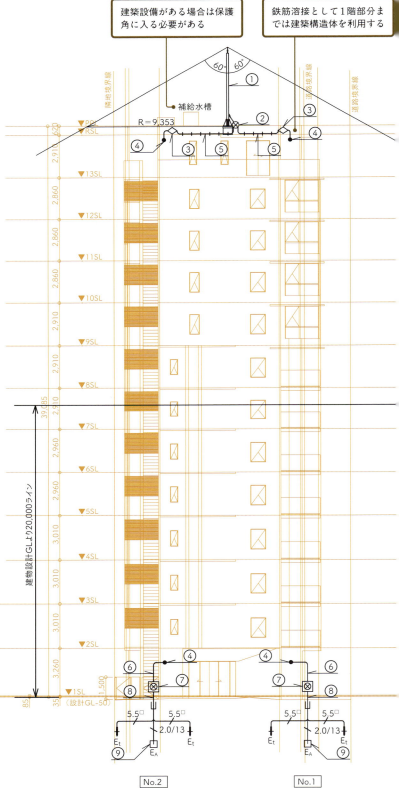

西面立面図

3 中規模マンション／電気

南面立面図

R：建物高さ保護ライン

避雷針設備 西側・南側立面図　S＝1/250

4 高層マンション CKマンション

500戸近くの地上18階建てのマンションは，多くの設備が設置されることになる．汚水や雨水の排水は排水量を調整する必要が生まれる．非常用エレベータの附室の排煙は機械排煙となり，屋上に排煙ファンを設置し，非常用発電を確保している．

通気弁は片手落ち

　通気弁は，意匠的に設置したくない，臭気の心配をしたくない，PSを取りたくないなどの理由で通気管を外部へ導き，通気口（ベントキャップ）を設置する代替として採用されるケースが多い．

　最上階では排水用PSは不要と考える意匠設計者も多い．排水用集合管継手を採用している建物の場合は最上階用集合管継手という製品もある．このような製品を使うことによりPS位置を下階と合わせず移動させ，通気管を屋外へ導くルートを提案することもできる．排水を円滑に安全に使用するためには通気とトラップは欠かせないものであるため，計画当初から検討し，スペース確保をすべきである．

　しかし実際は代替えにはなっていない．通気弁は屋内設置を可能にするために吸気は行うが，臭気が出る排気は行わない．つまり，排水通気としては半分の機能しか持ち合わせないものである．

　排水管内の圧力変動は負圧，正圧どちらにも変動する．通気弁は負圧には対応できるが，正圧には対応不可能である．こんなときトラップからポコポコと跳ね出し音がする．この現象は排水管内圧力が正圧となり起こる現象である．設計の際には，まず屋外への通気ルートを確保し，通気管内圧力正常の配慮を行い，通気弁ではなく通気金物を設置すべきである．

便利な集合管継手

　排水の影の立役者は通気管だ．そのため通気管は排水とは無関係なものとされる場合がある．集合管継手はONE STACK VENT排水方式としてヨーロッパではじまった排水方式で，通気立管（VENT STACK）を省略したものである．その方法として排水立管に各階から排水が合流する部分の継手を特殊継手として加工し可能とした．そのためわが国では立管排水通気方式とはいわず，その継手を指して呼んでいる．

　特に集合住宅では，集合管継手を用いる事例が多くなっている．その理由は，排水用PSに設ける通気立管を省略することで，専有面積を大きくできることにある．また各所からの排水をこの集合管まで，単独で配管することができることが施工上のメリットともいえる．

高層マンション／機械

- 通気は確実に外部へ開放する
- 地上45mの高層建築でも系統分けをすれば集合管継手にする計画が可能
- 集合管継手を使うことにより通気立管の省略が可能
- 消火補給水槽 共耐震1.5G 600φキー付MH、内外梯子
- エア抜き弁 吸排気弁
- 最下階（1階天井）にて横引きが発生するため配管2サイズUPとする

※各住戸給水管には減圧逆止弁を設置する．
※排水立管には掃除口を2, 6, 10, 14, 18Fに設置する．
※汚水槽（排水調整槽）については，別途東京都下水道局中部管理事務所と協議済み．
※給排水管等と建物との土中間では不等沈下対策を行なうこと．

衛生設備系統図

大規模建物の排水調整槽

　下水道に多量の排水が流れると，下水道洪水となる．よって，大規模建物を計画するときは，下水道局と排水事前協議を行う必要がある．

　排水放流量や排水接続位置の打合せを進めるなかで，排水放流量が制限される場合もある．このとき，排水調整槽を設けることで，日中排水を下水道に放流しないようにすることがある．排水調整槽は，1日分以上の排水を貯留し，夜0時から朝5時までに下水道に放流するために放流時間を制限している．同様に雨水排水に対しても，都市洪水防止策の一つとして雨水流出抑制を行うところも多い．一般には雨水流出係数を超える分を敷地内に貯留または浸透させることで流出抑制を行っている．

　また，直結給水の拡大に伴い受水槽を設計する機会が少なくなってきている．

　環境配慮や省エネルギー面でも，受水槽に関してはあまり関心が持たれていないのが現状である．FRP製，鋼板製，SUS製，木製などの受水槽があるが安価という理由でFRP製が採用されるケースが多い．その耐用年数（20～25年）が経過すると更新される．本建物でもSUS製を用いている．

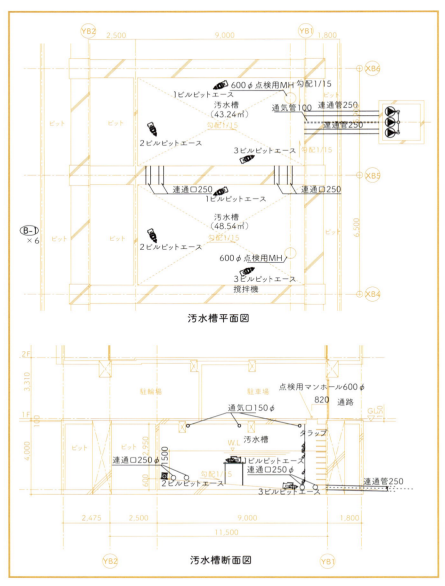

汚水槽平面図

汚水槽断面図

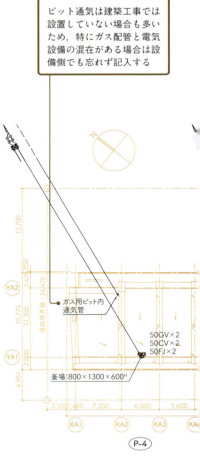

ピット通気は建築工事では設置していない場合も多いため，特にガス配管と電気設備の混在がある場合は設備側でも忘れず記入する

高層マンション／機械

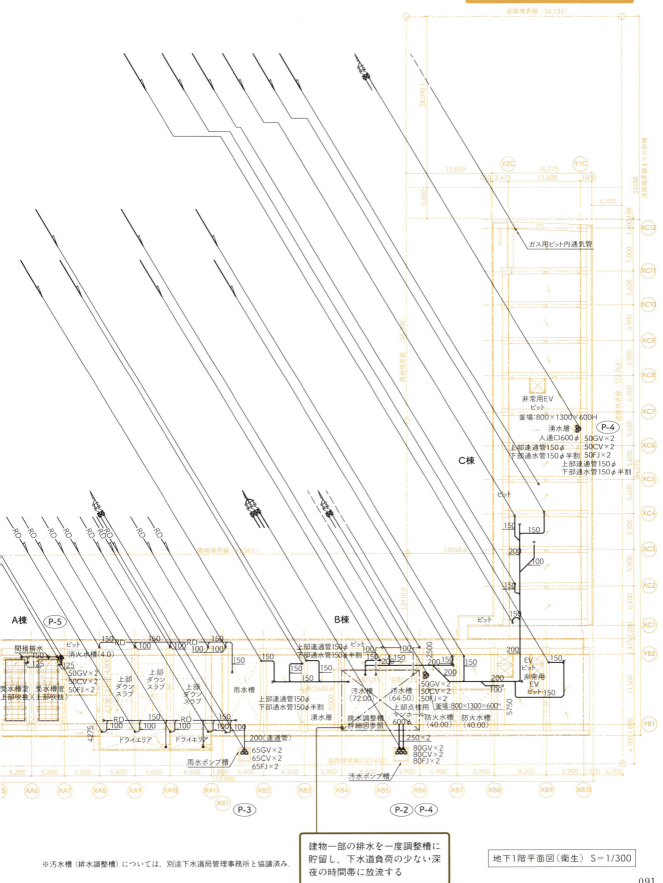

地下1階平面図（衛生） S＝1/300

※汚水槽（排水調整槽）については，別途下水道局管理事務所と協議済み．

建物一部の排水を一度調整槽に貯留し，下水道負荷の少ない深夜の時間帯に放流する

特別避難階段の附室と非常エレベータの乗降ロビー

　特別避難階段の附室や非常エレベータの乗降ロビーは，機械排煙設備の中でも消防活動の拠点となる部分であるため，高い性能が要求されている．平面計画を決定する際，自然排煙のために必要な開口部確保が難しい場合も多く，附室や乗降ロビーには機械排煙を設ける場合も多い．消防活動拠点以外の部分の機械排煙と大きく異なる点は，排気かつ給気を確実に確保する点である．

　給気風道断面積は，附室のみの場合は1㎡，附室と乗降ロビーを兼用する場合は2㎡以上必要である．排煙機も消防活動拠点以外の部分と比較すると，附室等の床面積に関係なく2〜3倍の風量が必要である．また排煙機も単独設置とすることが原則である．排気風道断面積は風速20m/s以下として決定する．

　附室などの機械排煙は，給気風道および排気風道の両方が必要となる．そのため，建築計画的に給気風道や排気風道は最小限として小さく納めたいという要望は必ずといっていいほど出てくる．計画初期段階から確実にダクトスペース(DS)を意匠設計に伝え，確保することが大切であると考えている．限られた構造スパンの中に必要な風道を納めるためにはコンクリートダクトの採用も必要であると考えられ，梁型を除いた部分で必要断面積を確保する．またコンクリートダクトの摩擦抵抗係数は，通常，円形ダクトの摩擦抵抗値に補正値1.5を乗じて算出する方法がわかりやすい．

　なお，特別避難階段の附室と非常エレベータの乗降ロビーでは，まず給気ダクトおよび排煙ダクトスペースの確保を検討すべきである．

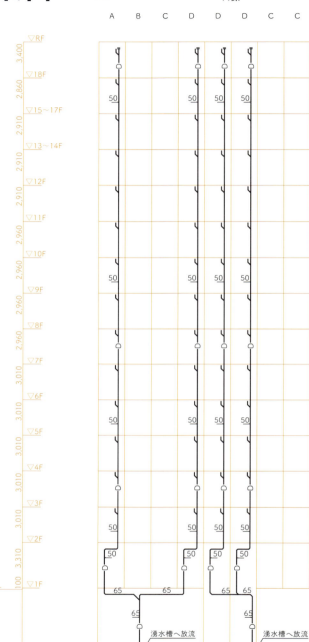

空調ドレンは湧水槽へ放流し，湧水が出ない場合の排水ポンプの定期運転を促す

高層マンション／機械

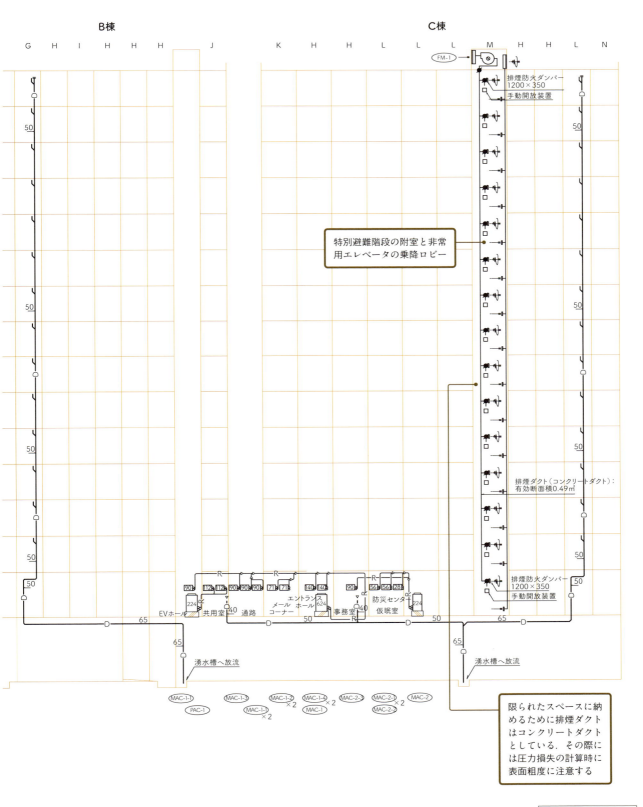

空調・排煙設備系統図

最上階にポンプを設置すると動力が小さくできる

消火ポンプの設置時，意外と多いのが消火ポンプを地下階等に設置して，上階に放水する事例である．

水は高いところから低いところに自然に流れるから，消火水槽を屋上やペントハウス屋上に設置し，その横や下階に消火ポンプを設置する．呼水槽も省けて，ポンプ軸動力も小さくできる．滅多に使わない消火ポンプへの投資金額を抑えることもできる．

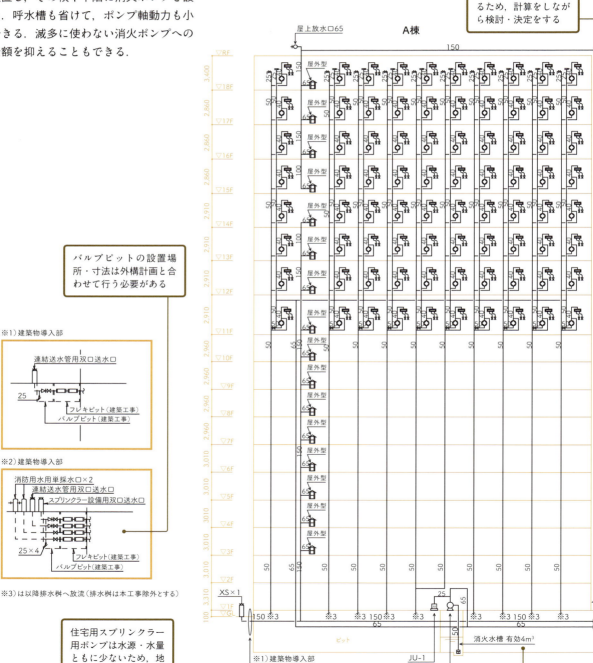

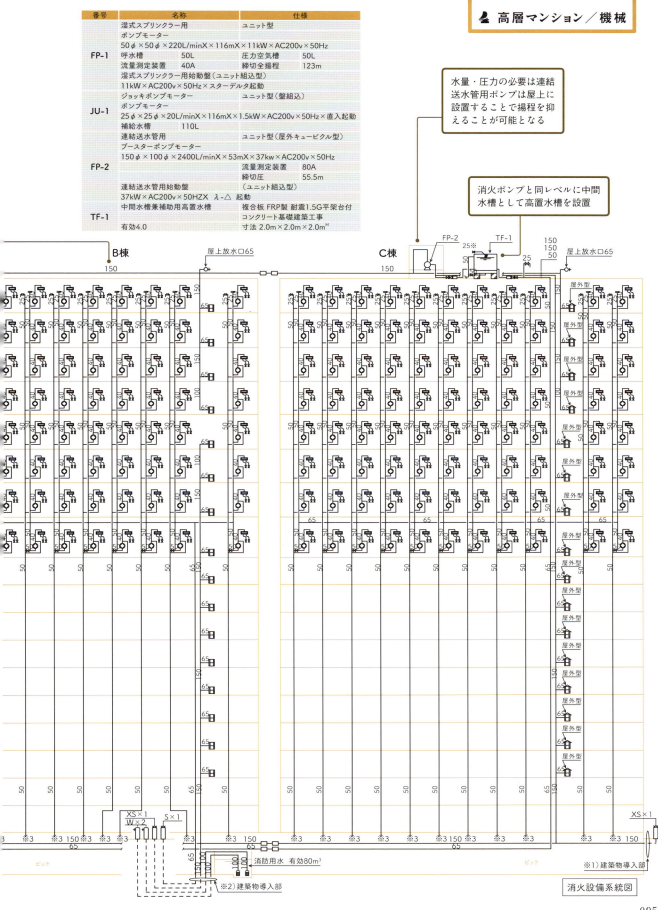

特別避難階段と
連結放水口の位置

　連結送水管設備は，避難階段・特別避難階段内，またはその近くに設けることになる．この理由は，消防隊員が階段を上がって来てすぐに活動ができるためである．また，非常用エレベータが設置されている場合は，附室に設置する．

　このとき図のように防火戸によってホースが通らなくならないよう，また防火戸が閉まるように，防火戸の下部にホース用開口を設ける必要がある．このホース用開口は防火戸を閉鎖した状態でも防火戸下部よりホースを通し，消火活動が行える環境を確保することを考慮したものである．

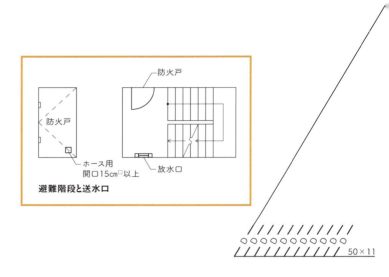

避難階段と送水口

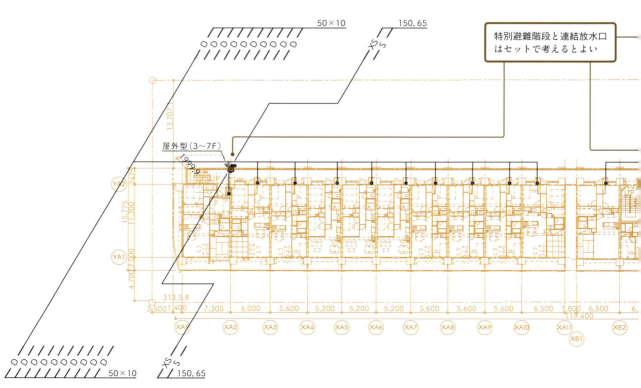

特別避難階段と連結放水口はセットで考えるとよい

高層マンション／機械

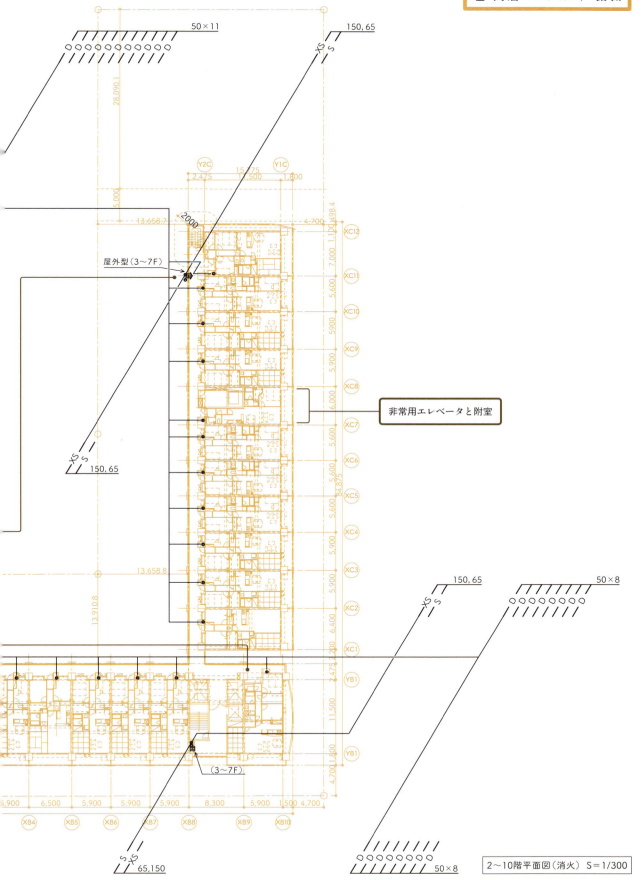

2〜10階平面図（消火） S＝1/300

超高層ビルの最上階に位置する和食レストラン・テナントとして入居するが、超高層ビル内のため、さまざまな設備に対応する必要がある。これらと、和食レストランとしての落ち着いた空間確保のため、設備関係機器を目立たない表現としてまとめた。

レストラン SFT店

テナント工事は工事区分に注意

この飲食店はテナントとして，超高層ビルの最上階に入っている．一般にはA工事（本体建築側でテナント用途を想定して用意した工事）側で設けた設備を使うことになる．A工事区分の内容を変更する場合は，可能な範囲でB工事（テナント側の要望により本体建築側で行う工事）として実施される．そしてテナント部分の専用工事としてC工事がある．一般にテナント設計と本体建築設計の取合いや調整役として内装監理室が設置されて，A工事としての設計内容や取り決めが伝えられる．テナント側はA工事側の内容を吟味して要望を伝え，規約に基づいて設計・施工を進めることになる．

テナントエリアには給水管，排水管，ガス管の接続可能位置が指示されている．給水管やガス管は一般に天井内に位置する部分でA・C工事区分が形成されることになる．テナントエリアの天井から衛生器具への接続を行うため，PSを用いて立ち下げることになる．

また給水量やガス量を計量するための量水器やガスメーターの設置も必要となる．特に排水は防水層の貫通などは大きな責任問題になるため，一般的にはA工事で処理され，テナントエリアに立ち上げされたところに接続することになる．そのためテナント部分では，仕上床と躯体スラブ間に排水管の勾配も考慮したスペースが必要となる．小・中規模のテナントエリアには通気管がA工事側で用意されていないときがあるので，注意されたい．本図では厨房排水と一般汚水排水は区分し，2系統での排水としている．厨房排水は除外施設へと導く必要があり，規程より分けて排水している．

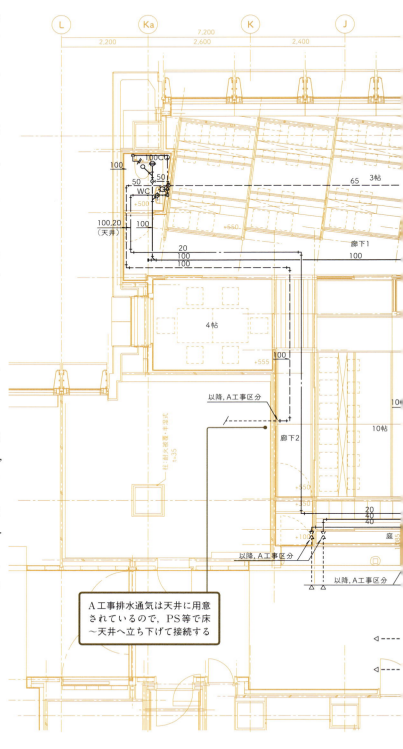

5 レストラン／機械

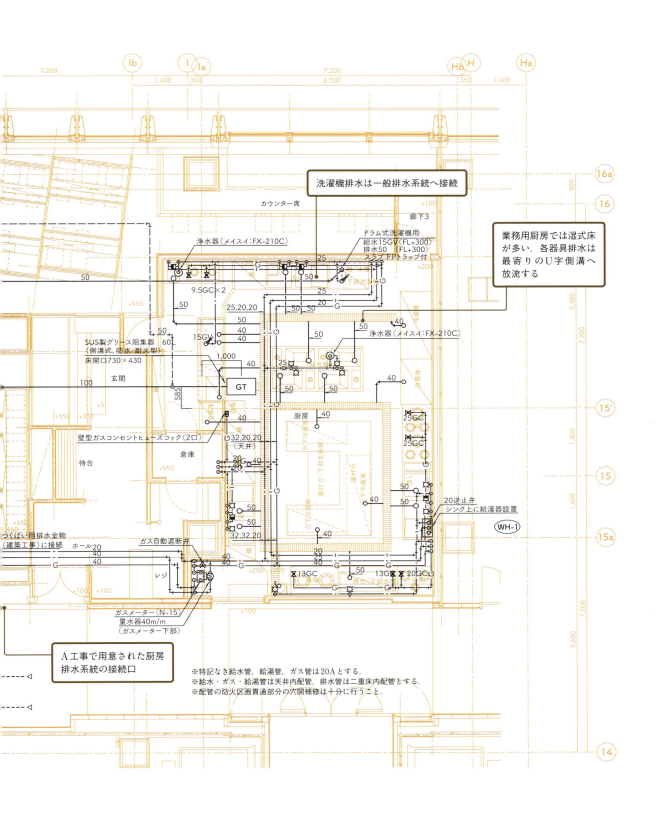

衛生平面図 S＝1/60

フード消火が必要となる消火設備

本建物の厨房に設置された，熱機器の出力に応じてフード消火が必要となる消火設備は，建物全体に設けるのではなく，条件に合った厨房部分に設ける消火設備である．その条件とは「厨房面積200㎡・最大消費熱量350kWを超えるもの」で，特殊消火設備（CO_2消火設備，ハロゲン化物消火設備，粉末消火）を設置しなければならないが，スプリンクラー設備とフード等用簡易自動消火設備の併用で特殊消火設備を免除できる．条例による規定もあるので，消防への確認は必須である．

消防法上は「自動消火装置」として，防護対象物に応じて，①フード・ダクト用およびレンジ用，②ダクト用およびフード・レンジ用，③フード・ダクト用およびフライヤー用，④ダクト用およびフード・フライヤー用，⑤厨房などに複数のダクトの立上りがあって警戒を必要とする場合（ダクト用をフード・ダクト用，フード・レンジ用またはフード・フライヤー用と組み合わせて設置できるものとする），⑥下引ダクト用の6区分になる．一般的な設置例を示す．

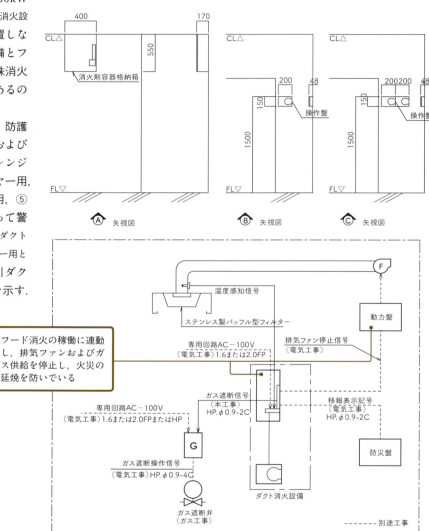

5 レストラン／機械

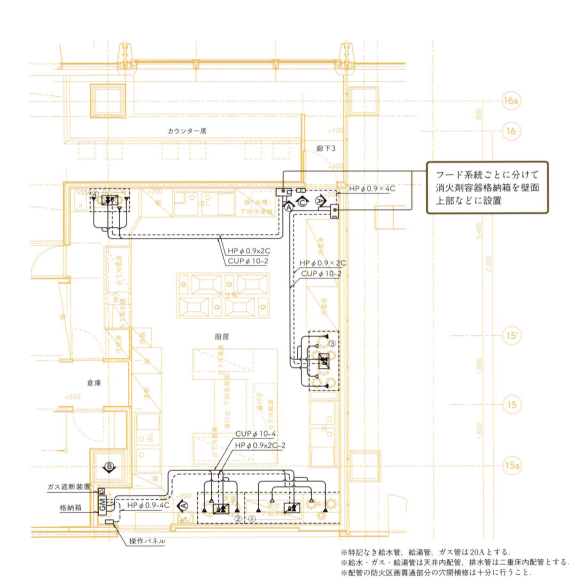

機器リスト

No.	フード寸法(mm) W×D	厨房機器	CRG-21構成(台数) DH	LR	RF	CRG-21 操作盤構成
①	2400×800	ガスレンジ・赤外線グリラー	1	1	—	3台
②	1200×800	ガスローレンジ	1	—	1	①フードと連動
③	1550×750	ガスレンジ,ガステーブル	1	1	—	1台
④	1000×600	ガスコンロ	1	—	1	1台

※ダクト消火設備フード付近には，各フードに必ず点検口を設ける．

フード消火平面図　S=1/60

4管式FCU方式で冷暖房が自由にできる

　テナントの冷暖房はファンコイルユニット（FCU）で行うことができる．常時冷水・温水が供給されているため，冷水の往復管，温水の往復管の4管となり，室内で目的の設定温度を自由に得ることができる．つまり，4管式の配管であれば冷暖房が自由に行えることになる．この店舗では，窓側の部屋とインテリア側の部屋で冷暖房の運転が異なる場合がある．そんなときは4管式ファンコイルユニット方式のため，各室ごとに温度を設定することができる．

　ファンコイルユニットは2コイルタイプの天井ダクトタイプで，冷水コイルと温水コイルが本体に入っている．そのため配管も冷水管往復，温水管往復が接続されることになり，自由度のある冷暖房運転が可能となる．ファンコイルユニットの設置には，床置露出タイプ，床置ダクトタイプ，天井カセットタイプなど，さまざまな設置タイプがある．

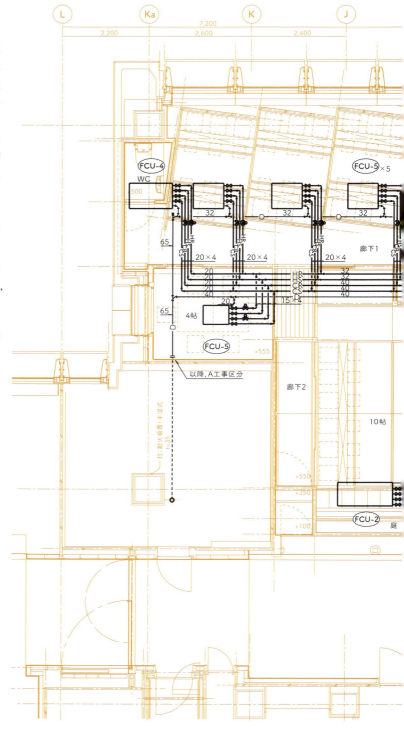

5 レストラン／機械

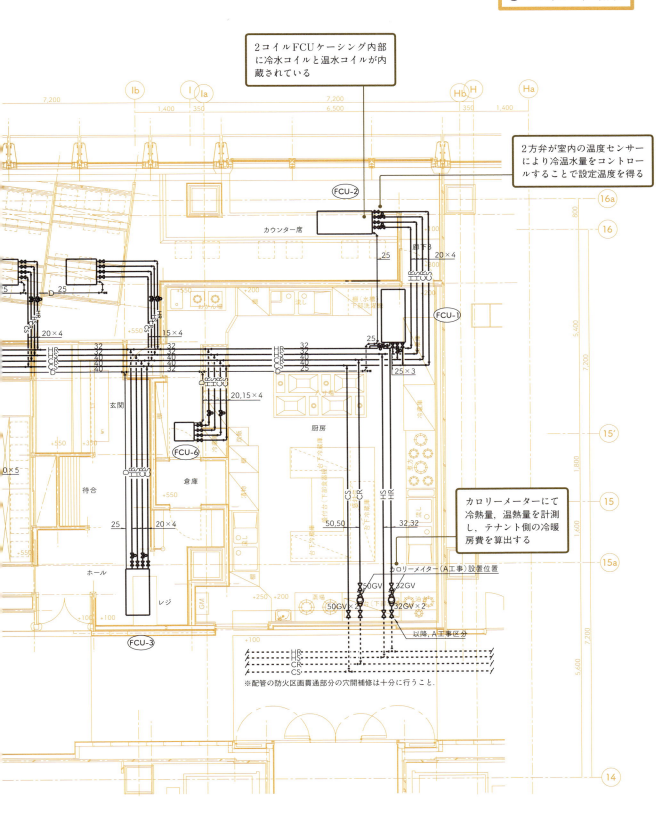

空調配管平面図　S＝1/60

吹出口・吸込口の風速

吹出口の形状や設置場所によって，吹出風速は変わってくる．特に到達距離はその考え方によって異なるため，吹出口の形状と送風量からその風速を確認する必要がある．

吹出口からの気流を目的の場所まで届けないと，空調効果が薄れることになる．特に天井面に設けた吹出口からの気流で室内を暖房しようとしたとき，気流が床面に到達していることは，侵入した冷気を相殺するためにも求められる．一方，冷房時はその必要がなく，場合によっては天井面で拡散をさせる必要がある．メーカーカタログには天井面や壁面に吹出口を設置した状況での特性が示されてもいる．しかし，床吹出口の場合や天井や床にスリット開口を設けたときの吹出風速については示されていない．

過去の経験から，天井吹出口としてスリットを設けたときは，吹出風速として3～5m/sを設計基準とした．ただし，スリットの設置高さによってその値を使い分ける必要がある．特に床吹出口の場合は，吹出風速として3m/sは確保したい．その最大の理由は冷房時の冷気停滞で，居住域空間の冷房としては，3m/sの吹出風速で居住域への気流到達が必要と考える．

吸込口風速は，空調ダクト系の圧力損失を大きくしないため，2m/s以下に抑える必要がある．この風速を上げても何の効果もないので，吸込口が大きくならない程度と考えていただきたい．つまり，制気口の目的として吹出口には気流の拡散や到達が要求されるが，吸込口はレタンダクトに接続し，空調機へ戻す目的が高いからである．その点を踏まえると建築スリットで吹出・吸込を行う場合，有効開口面積比は吹出：吸込＝1：2程度となってくる．

建築スリットの場合はチャンバーも木工事で制作すると納まりがよい

木工事の割付に合わせてスリット幅を決め，長さで風速調整をしている

3帖
吹出口	480CMH	
スリット	1100×25	(建築工事)×3
吹出口	480+280(OA)	
スリット	1100×25	(建築工事)×2
吸込口	480CMH	
HS	500×250	フィルタ付×5

カウンター席
吹出口	1700+240(OA)	
スリット	4300×25	(建築工事)×1
吸込口	1700CMH	
HS	1200×250	フィルタ付×1

10帖
吹出口	1700+400(OA)	
スリット	1800×65	(建築工事)×1
吸込口	1700CMH	
HS	1200×200	フィルタ付×1

廊下1
吹出口	1100+200(OA)	
スリット	2900×25	(建築工事)×1
吸込口	1100CMH	
HS	900×250	フィルタ付×1

4帖
吹出口	240CMH	
スリット	550×23	(建築工事)×
吸込口	480CMH	
スリット	2500×23	(建築工事)×

厨房(小)
吹出口	160CMH	
E-2	12.5	×2
吸込口	320CMH	
HS	300×150	フィルタ付×1

5 レストラン／機械

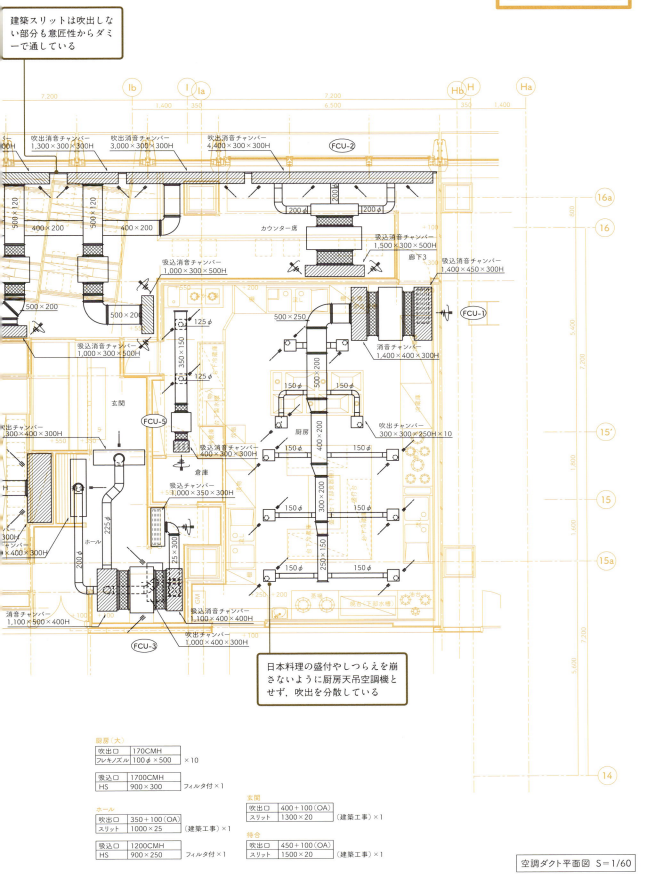

空調ダクト平面図　S＝1/60

排煙口は自由な形状も使える

　機械排煙設備が必要なとき，少し大きな部屋には既製品の排煙口を設置しているが，小さな部屋や意匠上重要な部屋にはスリット状の排煙口を採用することが多い（一般に，排煙口には既製品を採用することの方が多い）．

　建築基準法には吸込口の風速は示されているが，形状は示されていない．スリット状の排煙口を採用する際には，ダクト中に排煙ダンパーを設け，手動開放装置と連動させることで，機械排煙口設備として満足させている．本図では3か所でスリット上の排煙口を用いている．

厨房排気は天井排気も設置

　厨房の排気フードとともに天井に排気口を設けることで，厨房内快適性を向上させることができる．一般に厨房では，排気フードによって排気が行われ，その換気量は40〜50回換気となる．そのため，天井面で排気を取らない場合もある．

　だが，天井とフード下端の間に熱気が停滞すると，フードではなかなか処理できない．よって天井面に排気口を設けて排気することで，熱環境改善にもなる．この排気口にもフィルタを設けることは油煙処理に有効となる．

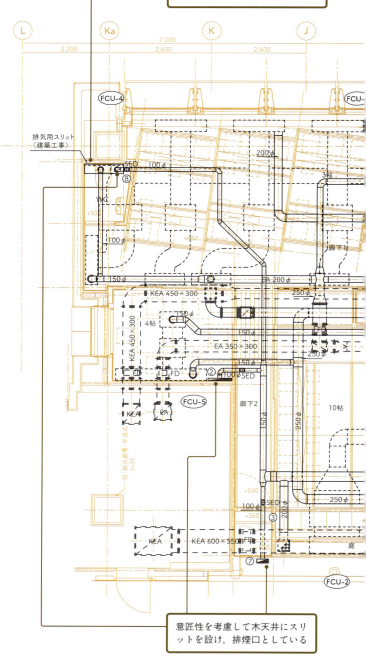

5 レストラン／機械

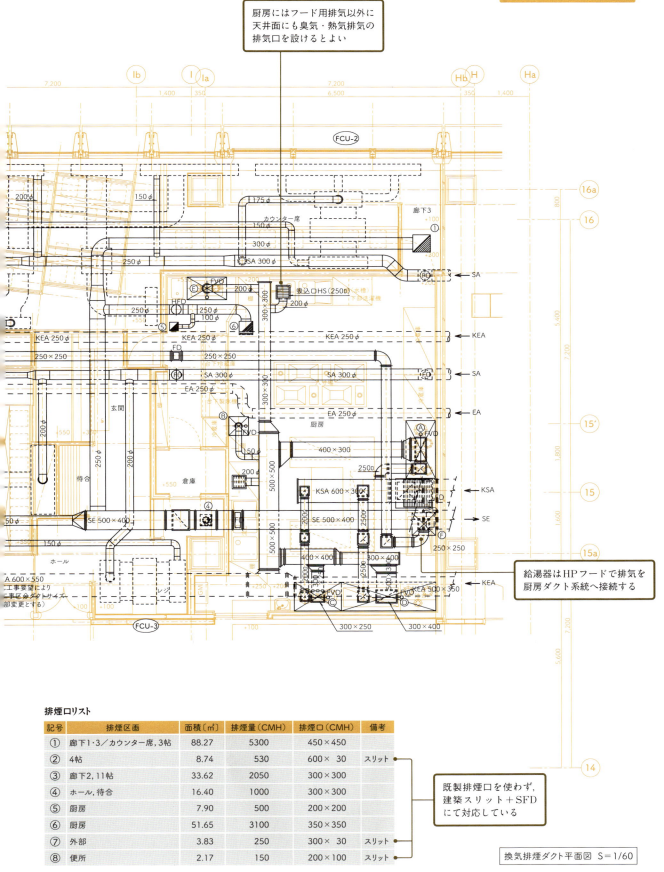

換気排煙ダクト平面図　S＝1/60

排煙口リスト

記号	排煙区画	面積〔㎡〕	排煙量（CMH）	排煙口（CMH）	備考
①	廊下1・3／カウンター席, 3帖	88.27	5300	450×450	
②	4帖	8.74	530	600× 30	スリット
③	廊下2, 11帖	33.62	2050	300×300	
④	ホール, 待合	16.40	1000	300×300	
⑤	厨房	7.90	500	200×200	
⑥	厨房	51.65	3100	350×350	
⑦	外部	3.83	250	300× 30	スリット
⑧	便所	2.17	150	200×100	スリット

厨房にはフード用排気以外に天井面にも臭気・熱気排気の排気口を設けるとよい

給湯器はHPフードで排気を厨房ダクト系統へ接続する

既製排煙口を使わず、建築スリット＋SFDにて対応している

フード換気は第1種が必須

　厨房のコンロや食洗機，オーブンには排気フードが設けられ，厨房内の換気として稼働している．厨房のような大風量を用いた換気でも，第3種換気を採用することも可となっている．しかし第3種換気を行った厨房では室内が負圧となり，厨房への出入口ドアの開閉が困難となる場合もある．そのため第1種換気で換気を行うことをすすめたい．

　そのとき，給気をどのようにして行うかが重要となる．最良なのは外気を外調機に取り込み，室温で吹き出すことがよい．外調機を設けられない場合は，フードを二重フードとして，フードの室内側に吹出口を設けて給排気を行うことは，換気による室内温度変化を抑制することもできる．

　最低条件としては，冷蔵庫上部天井面に給気をすることで，外気のドラフトによる不快感を少なくする．たとえば，冷蔵庫上部に設けられたコンデンサの熱交換効率をよくするような給気方法も考えられる．そして排気フードでの換気量は，排気フード面風速を0.3m/s以上を確保できていることを確認する．さらにフード総排気量の1/10程度で，天井とフード下部間換気を確保することが，温熱環境改善に重要である．

厨房フードリスト

記号	ガス器具名	ガス使用量〔kW〕	換気計算 V=30KQ〔CMH〕	決定換気量〔CMH〕	フード外形（SUS）グリスフィルター（SUS）	面風速〔m/s〕	二重フード内OA風量〔CMH〕
A	ガスレンジ, テーブル	72.11	2012	2100	1500×700×550H 片面 500×500×3	0.55	1000
B	ガスマイコン炊飯器	4.42	124	270	500×500×550H	0.30	
C	ガスローレンジ	34.90	974	1000	1200×700×550H 片面 500×500×2	0.33	500
D	ガステーブルレンジ, ガスグリラー	52.00	1451	2100	2400×700×550H 両面 500×500×2	0.35	1000
E	ガスコンロ	7.02	196	650	1000×600×550H	0.30	
F	ガス給湯器	52.30	973(20KQ)	980	HPフード	0.76	
	厨房内換気		300×2	600			
	合計	253.66	7081	7700	スリット		

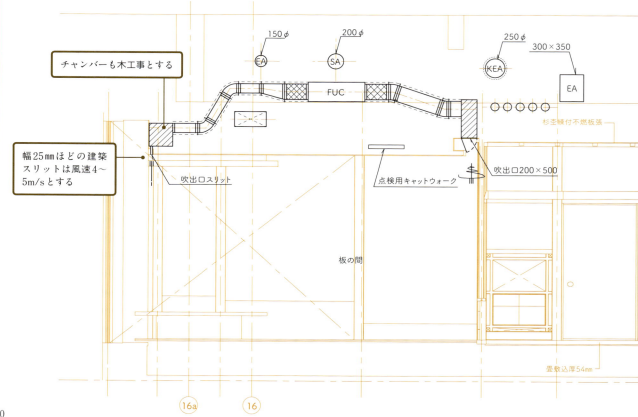

5 レストラン／機械

厨房天井内の納まり

厨房天井内には排気ダクト，給気ダクト，冷暖房用機器，消火配管，場合によっては上階の給排水管が入っている．特に排気ダクトは厨房機器とも関係するため，天井内寸法は十分に確保する必要がある．

一方，厨房の天井高さを確保して厨房室内の容積を大きくする考え方も散見される．だが，厨房内は機械換気によって換気され，換気回数では40～50回/Hになっている．そのため厨房気積を大きくする必要はない．天井内有効寸法を確保するためにも，厨房天井高は2,500～2,600mm程度でよいといえる．

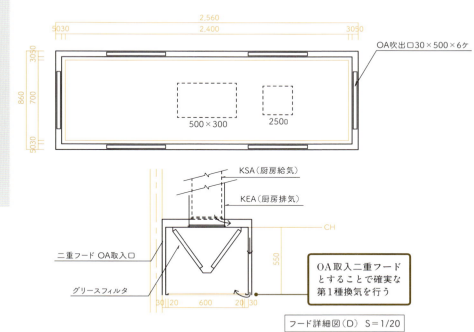

フード詳細図（D） S＝1/20

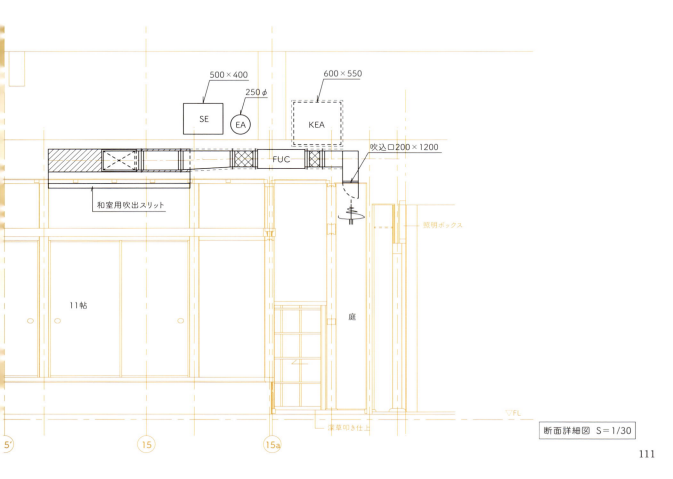

断面詳細図 S＝1/30

照明器具の設置方法

木造建築架構を見せることは，建築意匠の面からはよく求められる．そして屋根架構を現したとき，照明器具の設置方法が重要にもなる．

照明として求められる明るさは，一般に机上面，床面での明るさとなる．そのため，一般には天井面に照明器具を設置することになるが，屋根架構を現しとしたときは小屋裏にも明るさを表現するとよい．

飲食店の照明はテーブル上の料理をおいしく演出することにある．合わせて室内空間の広がりを見せるためにも，壁や天井，小屋裏に明かりをちりばめられる照明配置が必要となり，数寄屋建築ではその演出も重要となる．

> 調光用ダウントランス設置場所は距離制限などに注意が必要

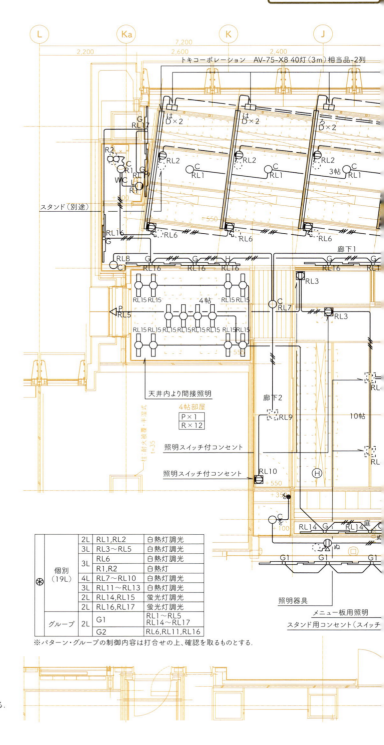

❶特記なき配管配線は下記とする．
- 2.0×2　PF（16）
- 2.0×2E2.0　PF（22）
- 2.0×3　PF（22）
- 2.0×4　PF（22）
- 2.0×6　PF（28）
- 2.0×8　PF（28）
- CPEV1.2×1P　PF（16）

※二重天井内及び木間仕切り内はVVFケーブルとする．
❷厨房，防火区画貫通部配管配線は貫通処理を行う．
❸凡例
- 調光付スイッチ
- 照明スイッチ付コンセント
- 照明器具別途扱い

❹リモコンシステムは多重伝送フル2線式とする．
- リモコンスイッチ（グループパターン設定器組込）

5 レストラン／電気

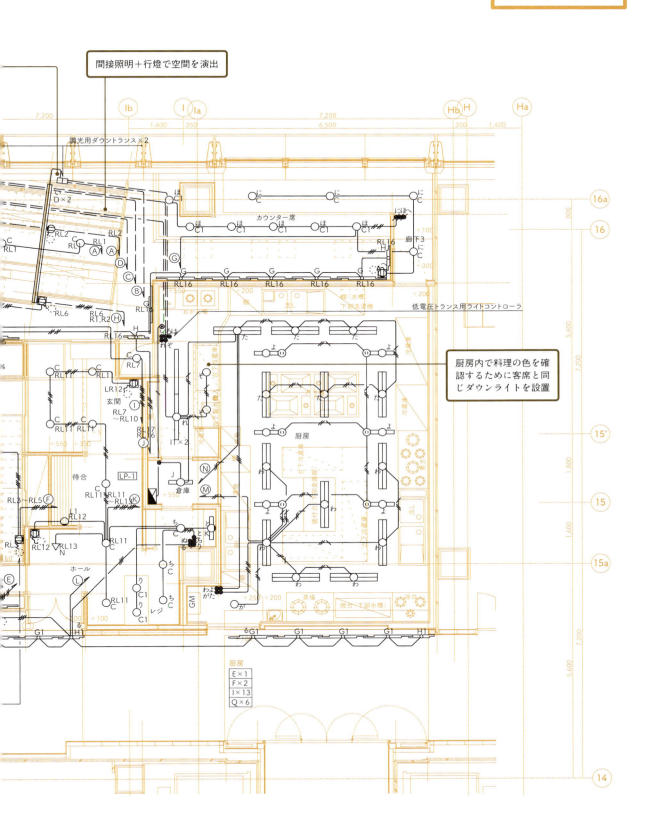

電灯配線図　S＝1/60

コンセントの用途

　厨房用機器類の電源は，特定機器類の近くに専用コンセントとして設置することになる．それ以外に何に用いるかわからないが，設計時に特定されない器具用としてコンセントを設けることになる．そのコンセントは防水型とし，アース端子を併設したものがよい．そして容量的には未定であるため，厨房内コンセント回路としては1回路に5か所ぐらいのコンセント数にしたい．

　また，将来設置される厨房器具が明らかなときは，キャップ付防水コンセントを予定位置に設けることになる．また，電圧の可変性，コンセントプラグ形状への対応は将来対応可能としておくこともよい．

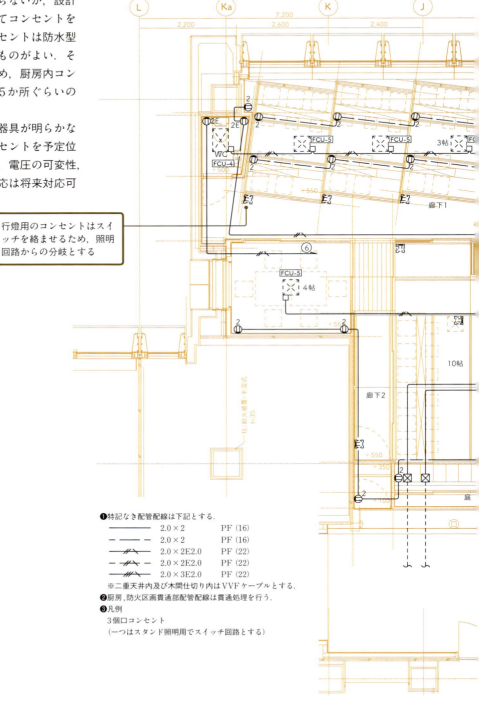

行燈用のコンセントはスイッチを絡ませるため，照明回路からの分岐とする

❶特記なき配管配線は下記とする．
───── 2.0×2　　　　PF (16)
─ ─ ─ 2.0×2　　　　PF (16)
──/// 2.0×2E2.0　　PF (22)
─/// ─ 2.0×2E2.0　　PF (22)
──/// 2.0×3E2.0　　PF (22)
※二重天井内及び木間仕切り内はVVFケーブルとする．
❷厨房，防火区画貫通部配管配線は貫通処理を行う．
❸凡例
　3個口コンセント
　（一つはスタンド照明用でスイッチ回路とする）

5 レストラン／電気

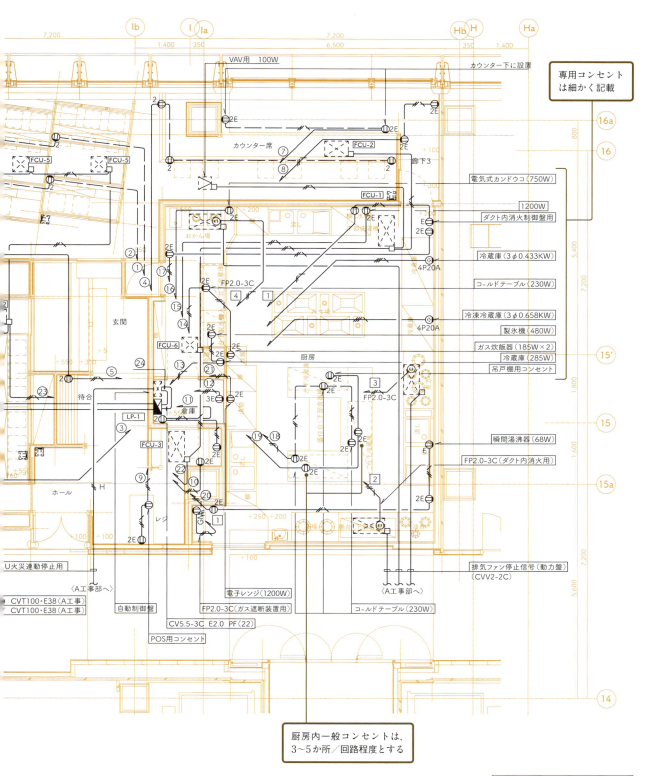

コンセント・動力配線図　S＝1/60

テナント内の弱電設備はA工事へ

　テナント工事はA・B・C工事と区分される．本建物での弱電設備工事はすべてA工事側と接続されることになった．テナント内での弱電工事として自動火災報知設備2系統，非常放送設備，機械排煙作動信号，フード消火作動信号，避難口誘導灯電源，非常用照明電源，ガス漏水警報設備，電話設備，POSS設備，そして機械警報設備となる．

　これらは，C工事で必要となる箇所にA工事側で用意された位置からその仕様に合わせて接続することになる．

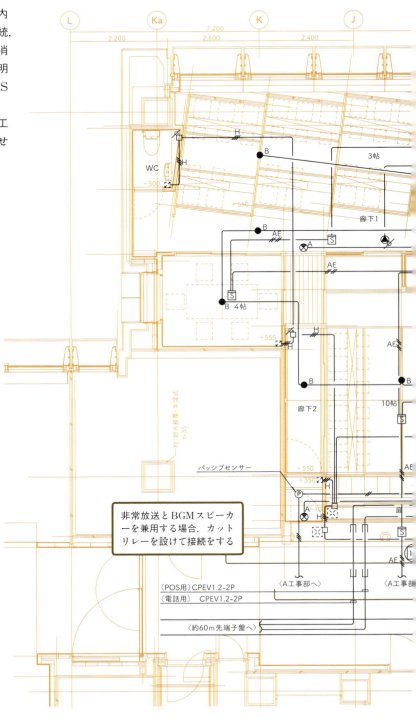

非常放送とBGMスピーカーを兼用する場合，カットリレーを設けて接続をする

5 レストラン／電気

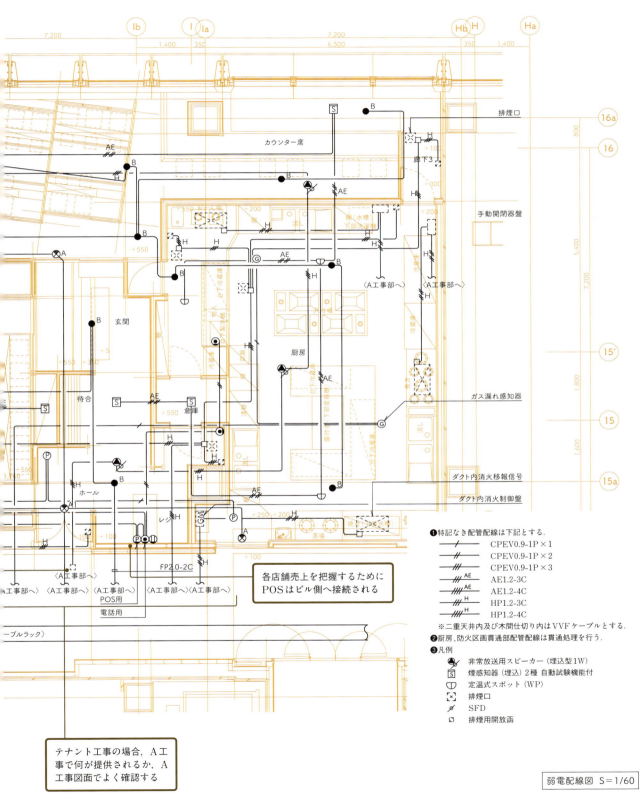

弱電配線図　S＝1/60

遊技場の室内は独特な空間である.大きな音量での音楽,きらめく光,そしてタバコ臭の中で,会話もなく遊技をしている.オーナー側からの要求は,空調・換気にかかわることが多い.空調負荷もLED照明によって少なくなったが換気負荷の低減も求められる.

遊技場 BM店

メリットの多いパッケージエアコン

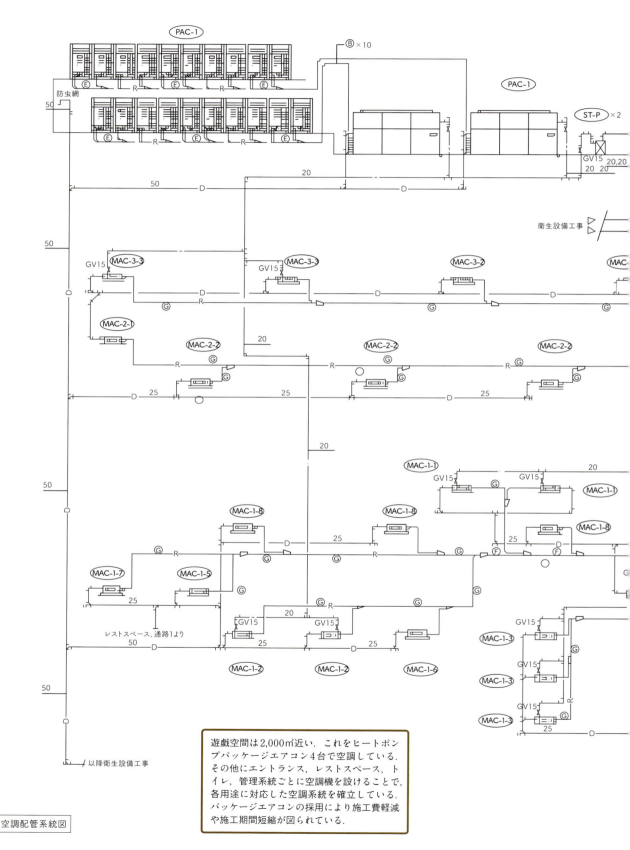

空調配管系統図

遊戯空間は2,000m²近い。これをヒートポンプパッケージエアコン4台で空調している。その他にエントランス、レストスペース、トイレ、管理系統ごとに空調機を設けることで、各用途に対応した空調系統を確立している。パッケージエアコンの採用により施工費軽減や施工期間短縮が図られている。

6 遊技場／機械

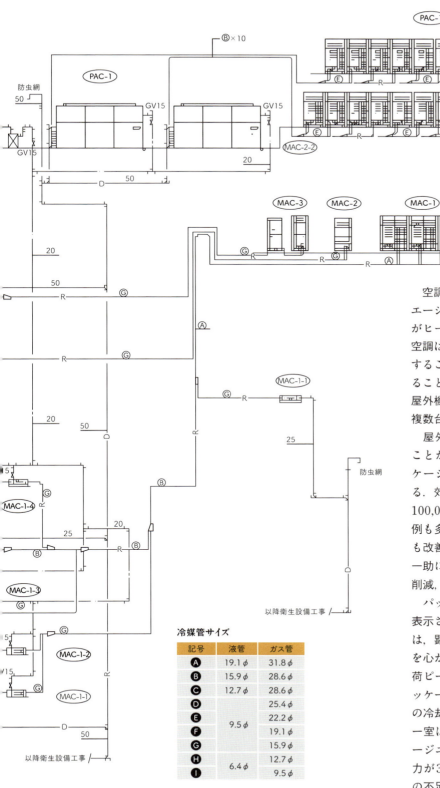

冷媒管サイズ

記号	液管	ガス管
A	19.1φ	31.8φ
B	15.9φ	28.6φ
C	12.7φ	28.6φ
D		25.4φ
E	9.5φ	22.2φ
F		19.1φ
G		15.9φ
H	6.4φ	12.7φ
I		9.5φ

※二次側渡り電気配線（EM-CEE2.0□-2C）は冷媒管共巻きとする．
※ドレン主管は全て空調トラップ取付後，排水桝に接続する．

空調機として用いられている室内機のバリエーションや能力も多様であるが，その代表がヒートポンプパッケージエアコンである．空調は屋外機から冷媒管を各室内機まで接続することで可能となり，各室内温度を設定することができる．マルチシステムを用いれば，屋外機1台に対して個別運転可能な室内機が複数台接続可能となる．

屋外機の設置場所を各所に分散設置することが可能ならば，大規模建築全体をパッケージエアコンだけで空調することもできる．郊外型ショッピングセンターで延べ面積100,000㎡近くでもこのシステムを採用する例も多い．これは個別運転でのCOPやAPFも改善され，高効率化していることも普及の一助になっているといえる．また作業人工の削減，機器の価格低減のメリットも大きい．

パッケージエアコンの冷房能力は，全熱で表示されている．コイルの冷房能力については，顕熱値・潜熱値をメーカに確認した設計を心がけたい．たとえばサーバー室の冷房負荷ピークが10kWだったので，11.5kWのパッケージエアコンを設置したら，サーバー室の冷却ができなかった．この理由は，サーバー室は顕熱負荷で10kW，11.5kWのパッケージエアコンの顕熱出力は8kWで，潜熱出力が3.5kWあることを把握せずに顕熱2kWの不足に陥ったためである．手軽に採用できる反面，機器仕様と特性をきちんと把握した上での設計が必要であろう．

丸ダクトと角ダクトの納まり

　空調機で冷却または加熱した空気は，室内に送風することで室内を冷暖房する．冷暖房の負荷に合わせて送風量を決定する．一般に，空調機の送風量は熱負荷の大きい方の値を用いる．この風量は吹出温度差が最大12Kを上限とし，9〜10Kの温度差がよいとされている（筆者は9Kを用いているが，パッケージエアコンを用いるときは11Kを用いている）．

　この送風は金属ダクトとし，亜鉛鉄板を加工した角ダクト（矩形ダクト）や丸ダクト（円径ダクト）で行う．このダクトの圧力損失と送風機の静圧は，ダクト異形部の圧力損失，直管部の圧力損失を集計し，送風機が選定できるよう送風機風量と静圧を算出している．ダクトサイズは，ダクト抵抗線図を用いて決定する．

　丸ダクトを角ダクトに変更する理由は，納まり上から発生する．主に天井内ダクトを納めるとき，梁せいと天井懐寸法が大きく関係する．

　ダクト径が小さい丸ダクトの場合は梁スリーブを設置し，梁貫通にて納める場合が多い．基本的にスリーブ径が梁せいの1/3以下になるように納める．

　上記が難しい場合は梁下で納める．室内天井高を少しでも高くしたいという要望が多く，ダクトせいを小さく（薄く）納めることが可能な角ダクトを用いる場合が多い．角ダクトの寸法選定は，摩擦抵抗の他にアスペクト比が4：1以下程度になるように注意して選定する必要がある．

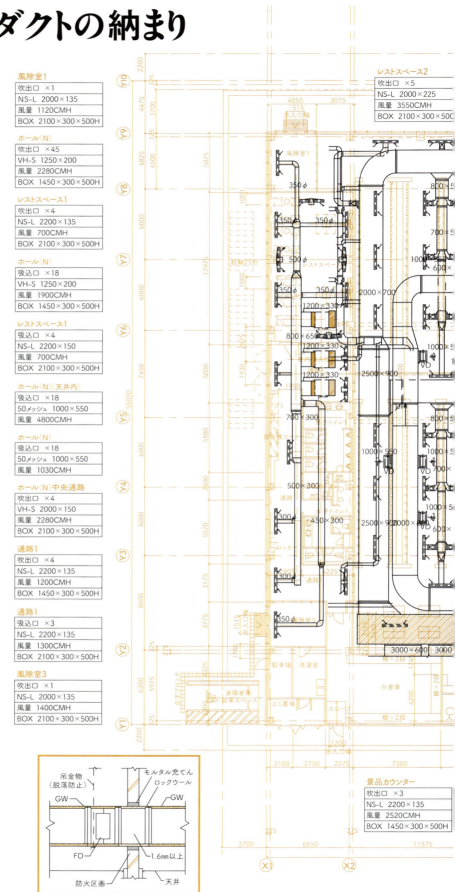

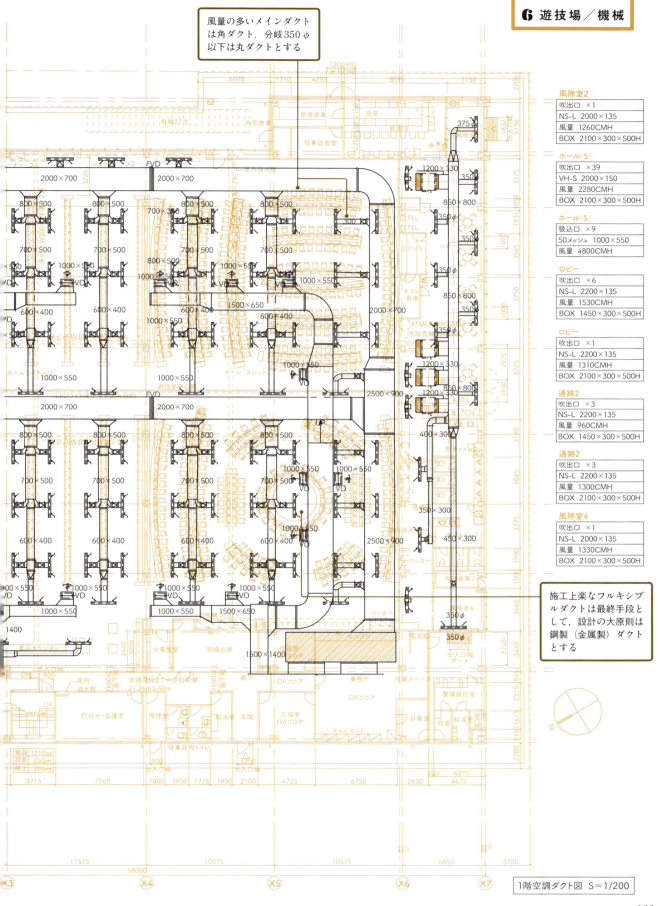

空調機の原理は
みな同じと心得よ

　空調機は，冷暖房するときに室内の空気を通過させながらろ過し，冷却，加熱を行い，加湿・除湿をしている．パッケージエアコンやルームエアコンも空調機でこれらと同じ機能を持っている．しかし，これらの空調機には多少の差があり，空調の質としてはエアハンドリングユニットが温度・湿度精度の点からよいといえる．空調機本体の基本原理はみな同じであるが，一番の大きな違いは，エアハンドリングユニットの熱媒は水や蒸気であり，パッケージエアコンの熱媒は冷媒がその役目を担っている点である．

　エアハンドリングユニットは，冷却コイル・加熱コイルを設置するとき，被空調室の負荷に合わせて，コイルの容量を決定する．当然，通過風量も設計している．さらに空調機を常時の使用負荷に合わせて目的温湿度を確保するように，シーケンサ（自動制御設備）の設計も必要となる．一方で，パッケージエアコンは室内機を分散設置し，各室ごと空調運転を行うことが可能で，その負荷に合わせた屋外機の制御運転も行う．その都度設計する必要はない．いわば既製品である．設備設計者としては，場合に応じて上手に使い分けることが必要である．

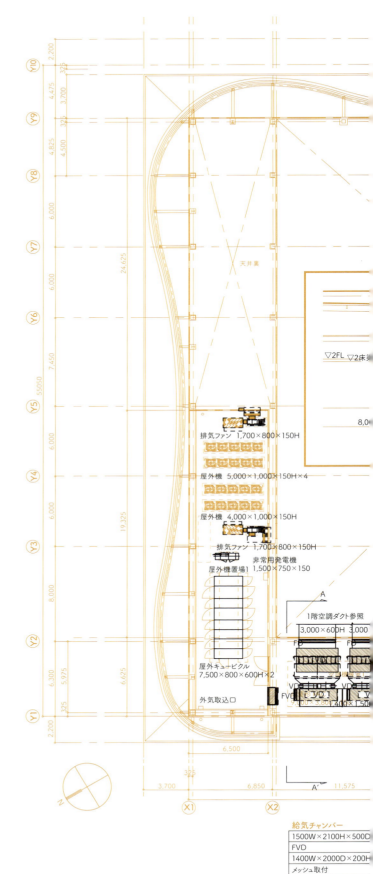

2階空調ダクト図　S＝1/200

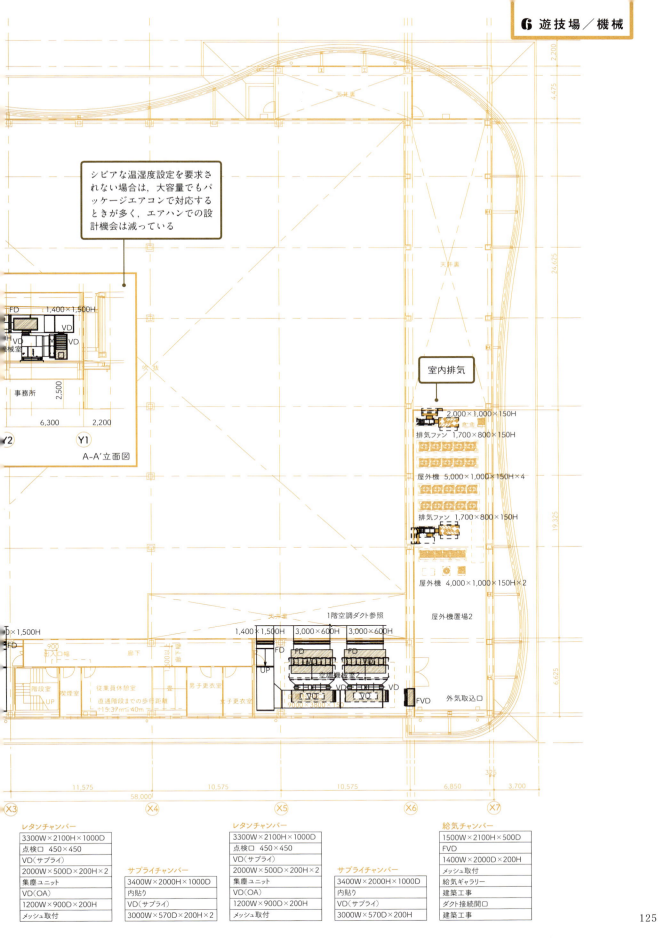

客数の変動に合わせて換気量を変動させる

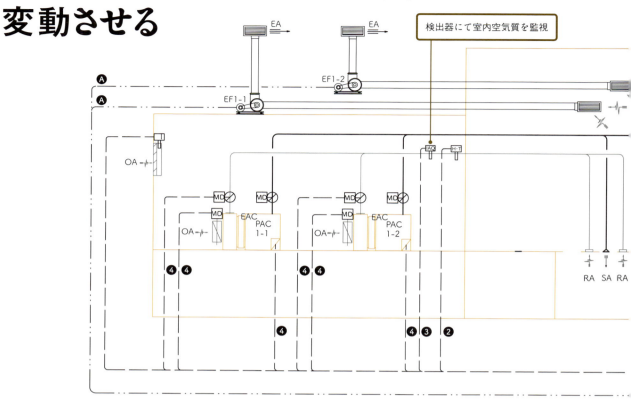

❶	KPEV-S0.5sq×1P	システム制御・運転盤－NOAH操作パネル	1
❷	MVVS1.25sq×7c	システム制御・運転盤－室内温湿度検出器	2
❸	VCT1.25sq×5c	システム制御・運転盤－IAQ検出器	2
❹	VCT1.25sq×4c	システム制御・運転盤－ダンパー操作器	14
		システム制御・運転盤－空調室内機状態信号	4
❺	VCT1.25sq×3c	システム制御・運転盤－温度検出器（外気、室内）	3
		システム制御・運転盤－デマンド警報信号	1※
❻	VCT1.25sq×2c	システム制御・運転盤－NOAH操作パネル（DC24V）	1
❼	UTPケーブル（LANケーブル）	NOAH操作パネル－社内イントラネット	1※

※KPEV-S0.5sq×1P（シールドツイストペアケーブル）は，アースを含め3芯として使用する．

| Ⓐ | 送風機動力 | システム制御・運転盤－送風機 3φ200V2.2kW | 4 |

※NOAH操作パネル，システム制御・運転盤 設置位置は打合せの上決定のこと
※IAQ検出器，室内温室度検出器は，PAC1-1・PAC1-2系統，PAC1-3・PAC1-4系統のRAダクトにセンサー部分を挿入設置する．機械室内で，なるべくホールに近い部分を選定すること．
※外気温度検出器は，「空調機械室2」内の室内温度の影響を受けないOAガラリチャンバーボックスに挿入設置する．なるべく外に近い部分を選定すること．
※店舗にデマンド警報機器がある場合に限り，❺の配線を施すこと．但し，信号種別は無電圧メーク接点が標準で有るが，有電圧の場合は事前に連絡のこと．
※ロビー・通路2及び，レストスペース1・通路1の2か所に温度調整のための室内温度センサを設置する．設置位置は打合せの上位置を選定し，室内の壁面．
※店舗内にイントラネットが設備されている場合，❼のLANケーブルを配線すること．但し，事前に施主様と協議し許可を得ること．
※設備図面で，VDと記載され，本図でダンパー開閉器の設置を示してある分14か所については，換気制御に設置すること．システムの制御機器として付属されるダンパー開閉器を，空調設備工事範囲でVDに組み付けること．

計装工事範囲として
①空調機接合形空気清浄機の電源供給．空調送風機運転に連動した連動運転用リレーを空調機内に設置する．空調送風機用電源により同リレーを駆動し，同電源一次側を分岐して空気清浄機に単相AC200Vを供給すること．
②空調機付属のサーモの位置を，外気温度に影響されないで室温が感知出来る場所へ移設すること．
③空調室内機より状態信号として，「冷房」「暖房」「運転」を取り出すこと．
※空調設備工事範囲で，空調室内機に状態信号を取り出す基板を装着しておくこと．

6 遊技場／機械

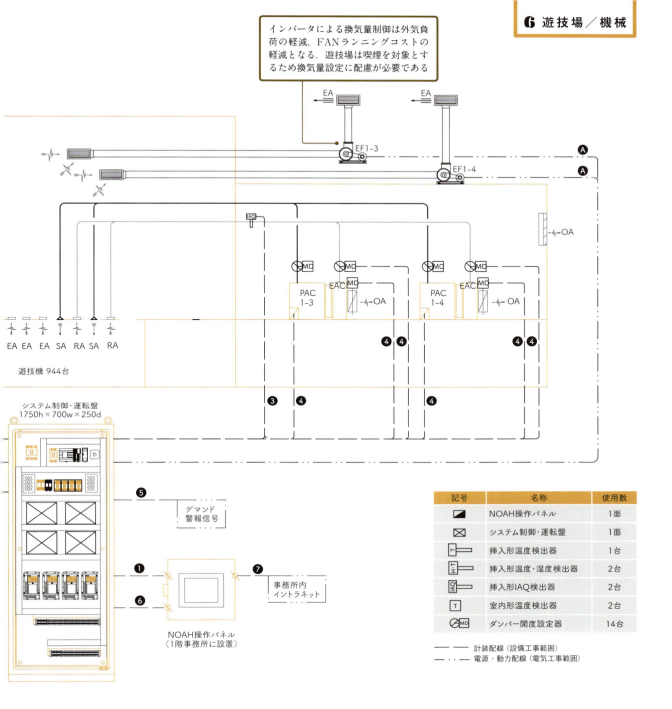

遊技場内は喫煙を禁止したり，分煙とする店も多くなってきた．運用は店側に期待することとし，この遊技場の室内換気は喫煙を条件として換気量を求めている．空調レターンに室内空気検出センサー（IAQ検出器）を設けることで，客数の変動に合わせて換気量を変動させ，換気量のコントロールをしている．

IAQとはIndoor Air Qualityの略語である．つまり，室内空気質を監視し，外気量や排気量を自動的にコントロールすることで，省エネルギーを実現している．

システムフロー図（換気自動制御）

衛生器具数は利用人員で算出する

　建築計画を行う上で，衛生器具数の算出が設備設計に求められる場合もある．

　オフィスビルの場合，まず利用人員を想定する．コアスペースなどを除いた執務スペースに対して，人口密度を0.2人/㎡を目安とする．この収容人員に対し想定男女比から男女それぞれの人員数を想定するが，この際に1：1ではなく，男女それぞれ全体の6割の人員がいるとして算出するとよい．

　この遊技場では，固定席となっているために席数から収容人員は特定される．あとは男女比を決定すればよい．建築用途からある程度比率を想定することも可能であるが，決定されるには何らかの余裕を確保したくなる．ここでは客席数906人に対し，男女比を7：3として考えた．ここから男子634人，女子272人とし，さらに2か所に便所があり各々を二分すると男317人，女136人と考えた．

　空気調和・衛生工学会による衛生器具の適正個数算定法（オフィスビル）で算出すると，男子便所は利用人員とレベル線の交点より器具数を読み取る．レベル3とすると男子便所は，男子大便器5基，男子小便器3基，洗面器3．女子便所は女子大便器4基，洗面器3と見込むことができる．

　しかし最終的には，店側の意見も取り入れて図示のように決定された．

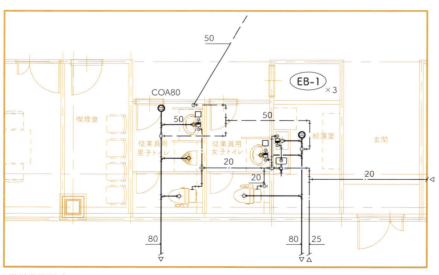

1階従業員用トイレ

トイレ詳細図　S＝1/100

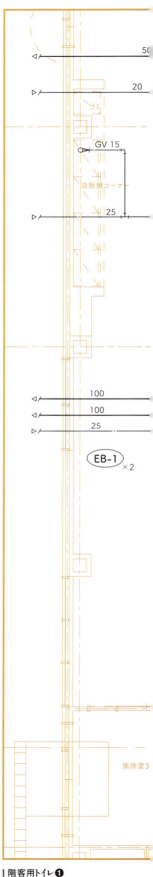

1階客用トイレ❶

遊技場のトイレは意外とスタイリッシュで豪華でもある．ゆったりした空間に洗面器は湯水が混合され，石鹸も乾燥も備わっている．大小便器は最新の全自動節水型で，室内は空調されている

❻ 遊技場／機械

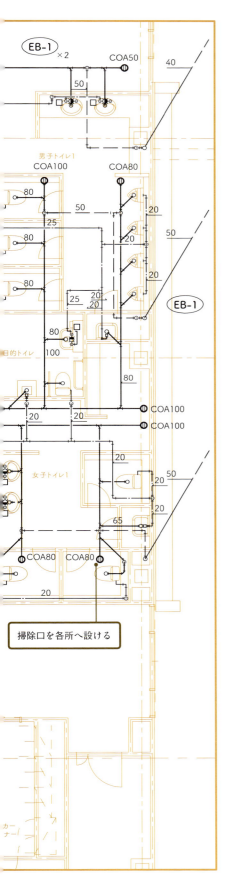
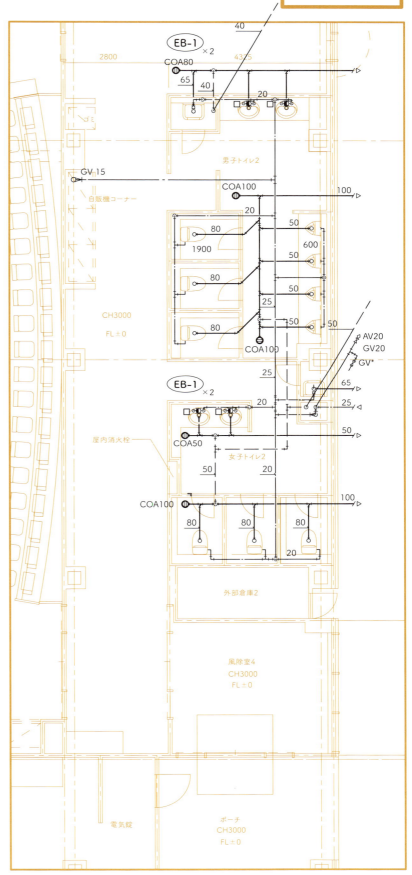

1階客用トイレ❷

2号消火栓より
易操作1号消火栓が有利

　屋内消火栓設備は，初期消火を目的に防火対象物の規模や用途などで，設置が義務づけられている．そんなときは，易操作1号消火栓を採用するのがよい．

　1号消火栓は放水操作に二人での操作を要する．2号消火栓は一人で操作可能である．以前は，操作性から2号消火栓設置の指導が消防から示される場合もあったが，2号消火栓の設置は水平距離を15m以下としているため，消火栓本体の設置台数が多くなってくる．このため，建築計画上不都合となるケースが多くなる．

　一方，易操作1号消火栓であれば設置台数は少なくできる上に，2号消火栓と同じように一人で操作可能であり，設置位置も建築計画上有効な場所に設置できる．これらのことから，易操作1号消火栓を用いることがよいといえる．

　設備設計で注意すべきは，易操作1号消火栓はホースの形状から圧力損失が大きく，消火ポンプの揚程を算出する際に，一般的な1号消火栓の値を用いると能力不足となることである．メーカなどで示しているホース圧力損失の数値を用いてポンプ能力を決定することが必須となる．

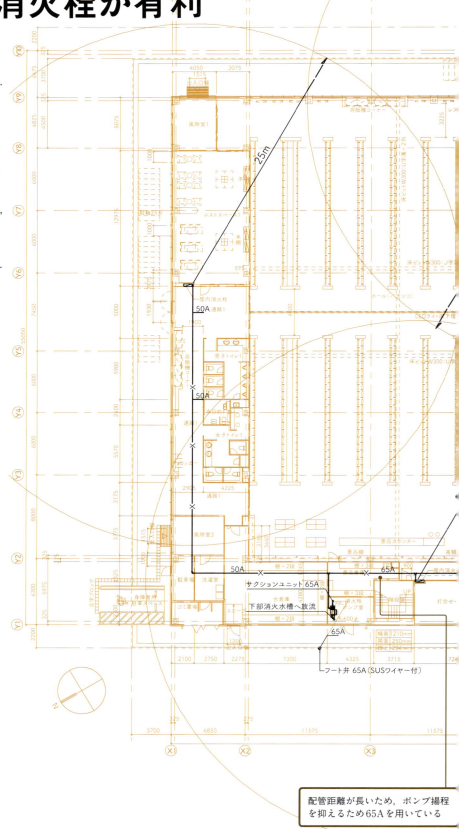

配管距離が長いため，ポンプ揚程を抑えるため65Aを用いている

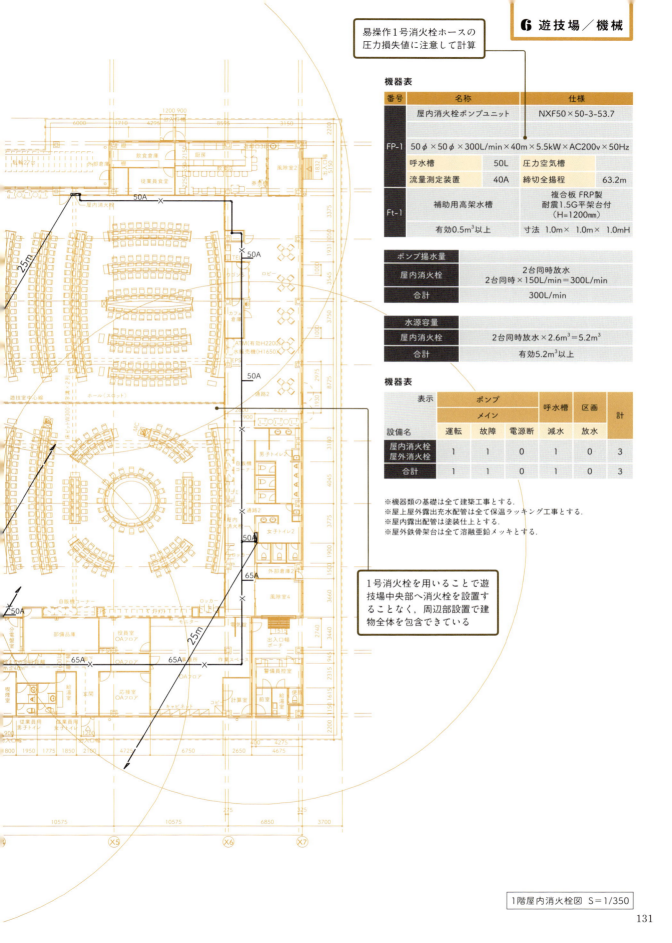

受変電設備容量の考え方

　受電設備容量とは，受電電圧で使用する変圧器・高圧電動機・高圧引出部分の合計容量（kVA）を指す．高圧電動機は定格出力（kW）をもって機器容量（kVA）とし，高圧進相コンデンサは受電設備容量に含めないものとする．

　高圧受電の電気料金は，（基本料金は高めであるが）使用料金は低圧受電に比べて安く設定されている傾向にある．そのため，契約電力は前年までの実績（デマンド）によって決められることが多くなった．しかし契約電力を実績値のピークとして決められることに需要側からは反発もあり，一様ではない．そんななか，デマンド計を設置し，デマンド値を超えないようにした電力需要家側でのコントロールをしている場合もある．デマンド制御装置は使用電力と負荷状況を常時監視し，デマンド値が契約電力を超過しないように負荷制御を行うものである．契約電力を超過することが予測された場合，あらかじめ選定した負荷を自動的に切り離す制御を行う．またピークカットも契約電力を抑える方法としてよく用いられている．

　受変電設備容量と契約電力には大きな差異が発生しているのが現状である．契約電力の最大値は，受変電設備容量の100％であるが，通常値は受変電設備容量＞契約電力である．受変電設備容量に対し，40％程度の場合が多い．また，この値が85％を超えるようになったときは，受変電設備容量を上げる検討も必要になる．

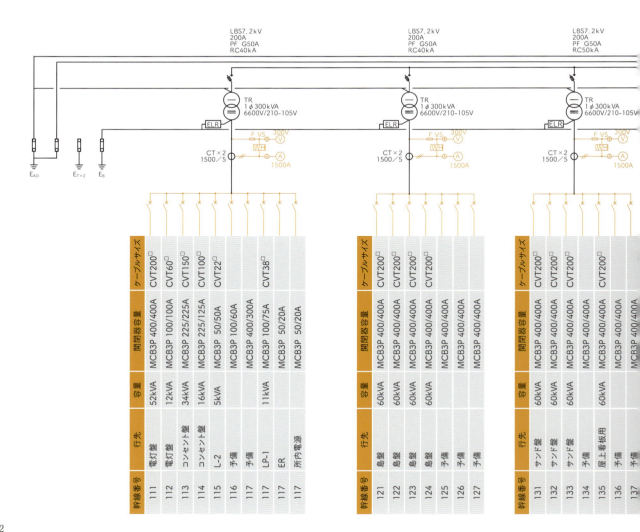

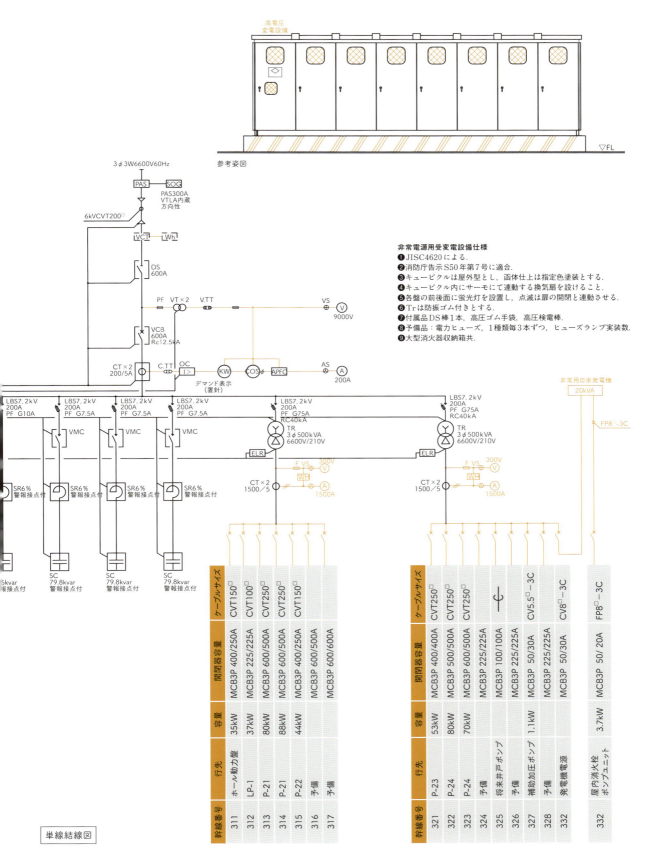

高圧受電の分界点と受電方式

　建物内の電気使用量に合わせて電気系統を考え，回路分けをする．各回路の電気容量を満足させる回路保護としては，分岐ブレーカーを設ける．これら回路をまとめて，分電盤に納め，分電盤の主ブレーカー容量も決定する．分電盤は電灯用と動力用を分けて設けている．これら分電盤での電気容量を合計し，50kWの契約電気容量を超えると高圧受電となる．

　高圧受電となったとき，引込柱を設ける方法と，高圧キャビネットを設けて引き込む方法がある．前者が一般には多く，この遊技場も電線架空地域での引込方法で，引込柱にPAS（気中負荷開閉器）を設けて引き込んでいる．受電設備はオープンフレーム電気室やキュービクル（既製品型受変電設備）で，高圧で受電したものを変電し，供給することになる．

　引込柱による高圧引込の場合は気中負荷開閉器が，地中埋設での引込の場合は高圧キャビネットや集合住宅用変圧器が電力会社との分界点となる．電力会社により供給方法や管路設備等の規定が異なるので，設計初期段階でしっかり協議を行って把握したい点である．

屋上ソーラーパネル用配管

　将来，屋根に太陽光発電パネルを設置するための管路が設けられている．屋上屋根面積は1,600㎡近くあり，発電容量100kW以上が設置できるため専売用として確保している．

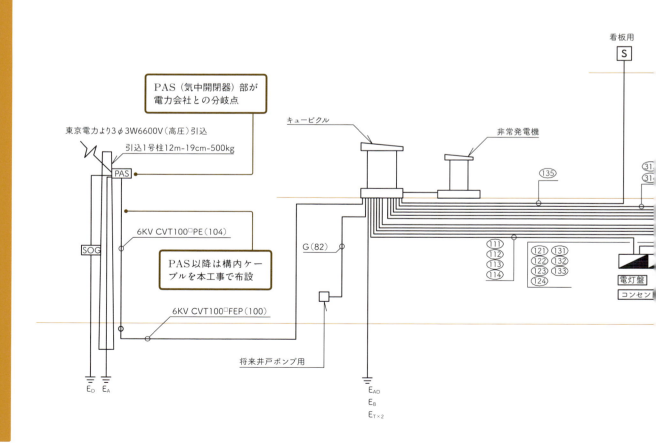

一敷地に二建物の場合の電力引込

　電力引込は一敷地1引込を原則としている．同一敷地内ではあるが，施主名義の異なる建物が二つある場合，電力会社との打合せにより2引込が可能となる場合が多い．本計画では2引込が許可され，遊技場は高圧引込，替場は低圧引込となった．

サンド盤／遊技台にはパチンコ玉が供給される．この玉を送る装置をサンドと呼び，これ専用の電力供給を行う分電盤をサンド盤と示した．
島盤／遊技台は20台前後が一つのグループとして配置され，これを島と呼ぶ．20台前後への電力供給分電盤を島盤という．

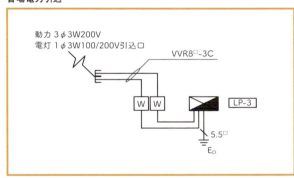

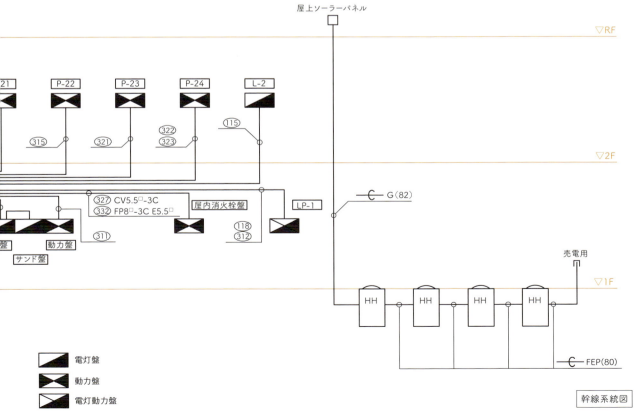

幹線系統図

中規模公共建築 Y市公立図書館

公立の図書館は万人が利用できるように考えられている．そして本に包まれた空間を味わえるしつらえとなっている．木造の図書館であれば，所蔵されている本そのものとも相性がよい．さらに，良好な関係を維持するための設備的提案として，熱源空調方式の採用がある．

敷地を知る
上水道の有無, ガス設備の有無

わが国の上水道普及は97.8%（2014年）と高く, 上水道利用はほぼ可能といえる. しかし, 建築での水使用に必要な引込管サイズが引込可能かはわからない. そのために上水道本管の有無, 本管サイズ, 供給圧力を所轄水道局にて調査が必要となる. 水道局などからは, 計画地付近の水道管埋設管図をもらい, 引込ルートの検討や本管サイズの確認に用いることができる. 併せて受水槽の設置義務を確認する必要もある.

建設予定地に建築を計画するとき, 建築設備としては上下水道の有無を確認するとともに, これらインフラとの接続について検討する. 上水道では一敷地に対し1か所での引込を計画するのが一般的だが, ケースによって2か所での引込も可能となる.

その理由として給水能力が1か所でできないケースがある. これらについては水道局との打合せによって明らかになる. また, 新たに計画される用途の給水量が既存給水管で満足される場合は, これを再利用することも可能となる.

下水道は, 下水道接続桝が敷地に複数箇所設けられているときは, そのすべてを使用する計画にするとよい.

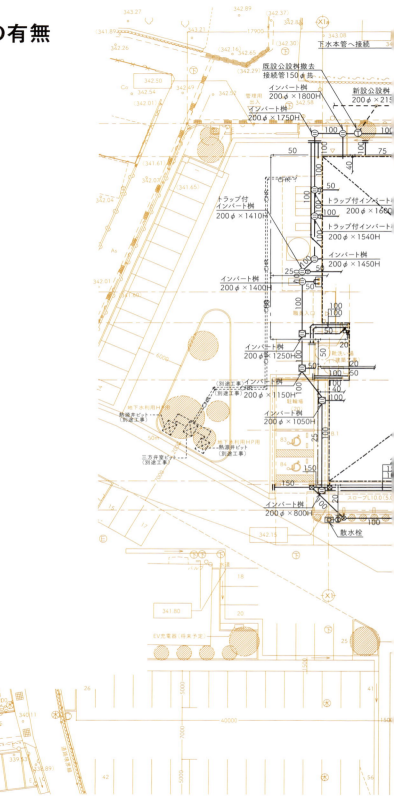

7 中規模公共建築／機械

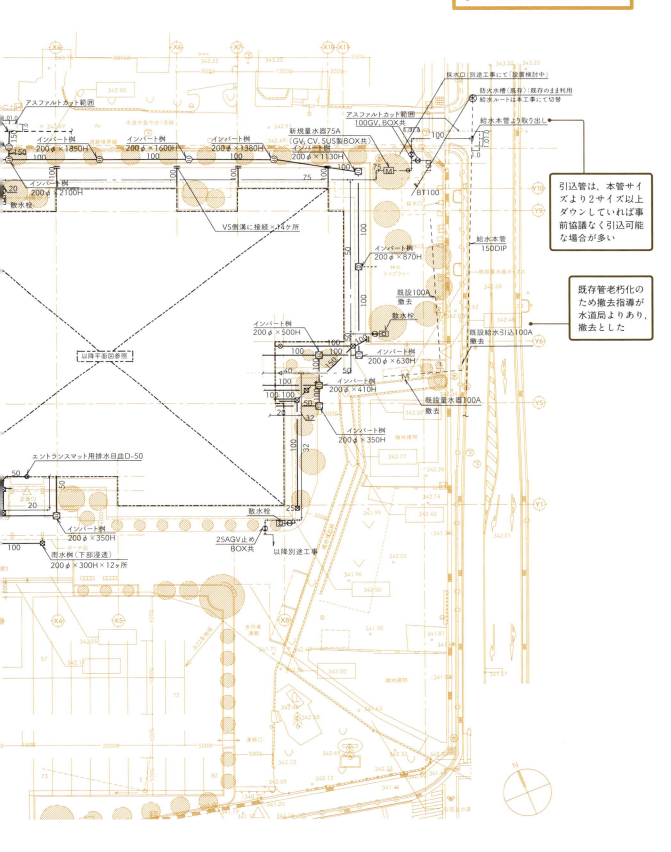

配置図　S＝1/500

雨水を直接利用する雨水浸透

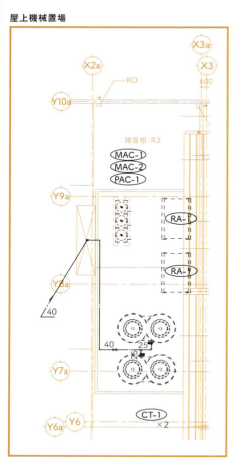

時に雨水利用を求められることがある．

一般的には，地下などの雨水貯留槽に雨水を貯め，これをろ過し，中水槽に貯水して中水としてトイレ洗浄水，庭散水などとして中水利用する方法だ．しかし，たとえばトイレ洗浄水について考えると，5L以下の洗浄弁内蔵便器がすでに普及していることから，節水効果とシステム工事費用との費用対効果を得るのが難しい．

そういうとき，雨水を水処理しないで直接利用する雨水浸透がある．

雨水浸透は，雨水浸透トレンチ，浸透桝，浸透井戸による方式である．雨水浸透トレンチは最も安価で，設置スペースも少なくてよい．穴明き浸透管を砂利の中に水平に埋設する．浸透管は雨水立樋と浸透桝で接続すれば，雨水を浸透させることができる．浸透トレンチに排水桝の設置と同様に浸透桝を接続して，浸透量を確保したり，点検スペースとすることもできる．直接利用とは，つまり下水として捨ててしまうのではなく，土へ返してあげることである．

雨水の直接利用は浸透ばかりでなく，貯水も可能であるが，小規模な利用方法として立樋を樽に入れて貯水された分を直接散水として利用することもできる．

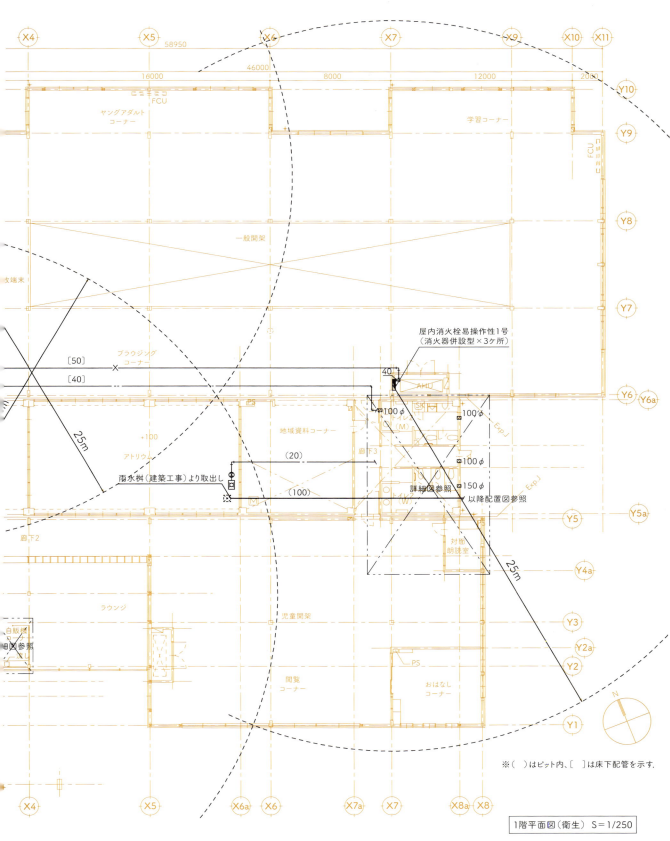

バイオマスボイラーとオイルボイラーを組み合わせる

　ボイラーの燃料として，バイオマスを用いるバイオマスボイラーが注目されている．なかでもチップやペレットを用いた木質バイオマスは普及しはじめている．特にチップは，使用木材含水率や貯蔵庫での状態等により発熱量が左右され，それによってボイラー出力が変化することもある．またボイラーの運転も十分な制御性が確保されていない場合もあり，注意する必要がある．そのためにバイオボイラーと，予備としてのボイラー（オイル化石燃料）やヒートポンプを組み合わせることで稼働率を100％に近づけると効率がよい．

空調配管とポンプ

　空調配管にはポンプを設け，熱媒を熱源機から空調機間を循環させることで，熱供給を行っている．空調用配管は，密閉回路とするか開放回路とするかの検討がカギとなる．密閉回路は循環させる熱媒系全体が大気に開放された箇所がなく，ポンプ軸動力は小さくて，かつ大気に開放された部分がないため，安定した水質で，腐食も少ないメリットがある．反面，配管系全体では圧力の開放される部分がないため，配管系の安全を確保する措置が必要となる．

　密閉回路ではあるが，一部大気に開放された部を持つ半密閉回路も多い．このメリットは配管系の圧力を開放する部分が膨張タンク部分となる点である．わが国の空調配管システムで最もよく用いられたシステムである．開放回路は，蓄熱槽を用いた配管システムで採用されるケースが多い．そのためポンプ軸動力が大きくなり，搬送用エネルギー使用割合が大きくなる欠点がある．また開放部分からは酸素が配管系内に供給されるため，配管システムの腐食が進行しやすい欠点がある．

　熱媒としては，一般に水を用いるが，この熱量相当分を水量として供給するためにポンプが必要となる．ポンプは水量を確保する一方，揚程として送水圧力をも確保する必要がある．このため空調配管とポンプは，密接な関係がある．そのためポンプは性能曲線として特性を表して，この範囲内で選定することになる．空調配管はSUS，銅，VLP管が用いられる．

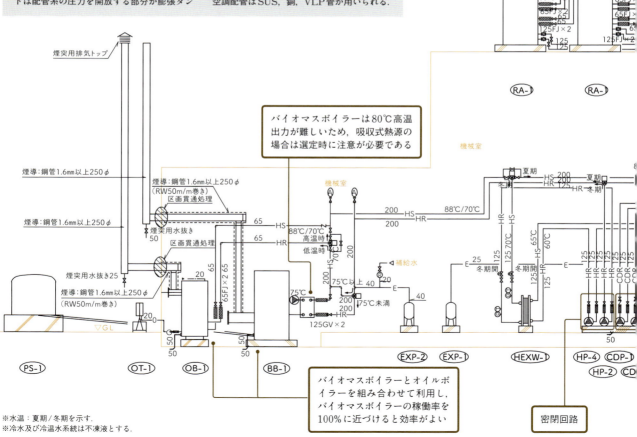

※水温：夏期／冬期を示す．
※冷水及び冷温水系統は不凍液とする．

地下水熱利用ヒートポンプシステム

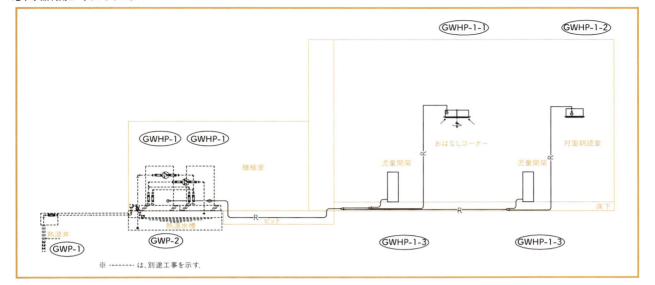

※ ------ は、別途工事を示す。

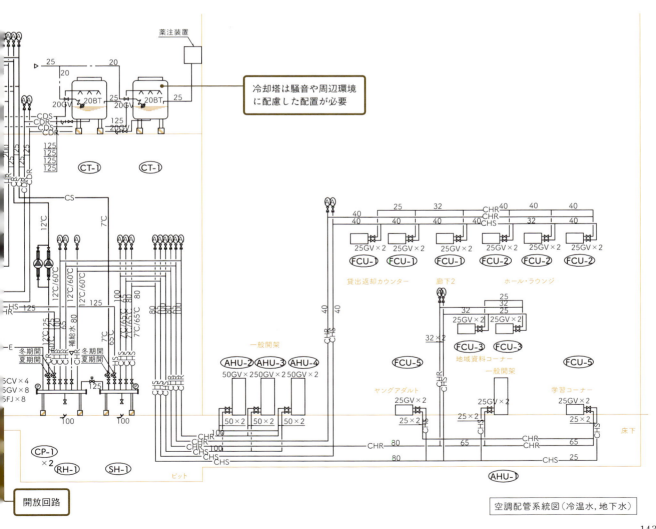

空調配管系統図（冷温水，地下水）

天井高があるときは床下吹出空調方式

　図書館の一般開架と自動開架は床吹出空調方式としている．採用している理由は，ともに屋根裏（天井高）が高いことに起因している（特に木造架構を現わしにしてそのダイナミックな軸組みを見せることをも目的としている）．

　空調する児童開架での床面積は300㎡にもなる．これを2台の空調機で区分し空調することにしているが，本体幅2,000mm以上で奥行きも800mm近くになるため，空調機は床上設置とすることでメンテナンスを容易にしている．そして空調機ごとの床下空間を区分することで，空調エリアの限定を行った．

　空調エリアが小さいスペースにはファンコイルユニットを用いているところもある．ともに共通することは，床下は完全なチャンバーとして床吹出口より送風空気が吹出され，空調機に戻り，再び床下に送風されることになっている．このため床下では空調エリアごとの区画を建築工事でつくっている．

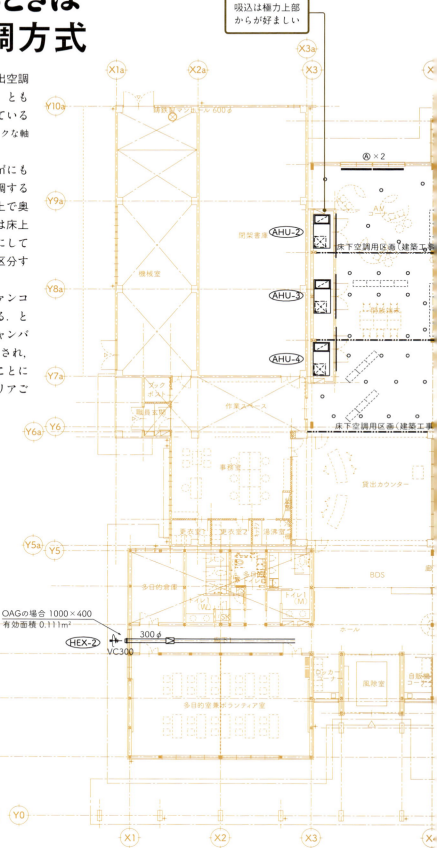

中規模公共建築／機械

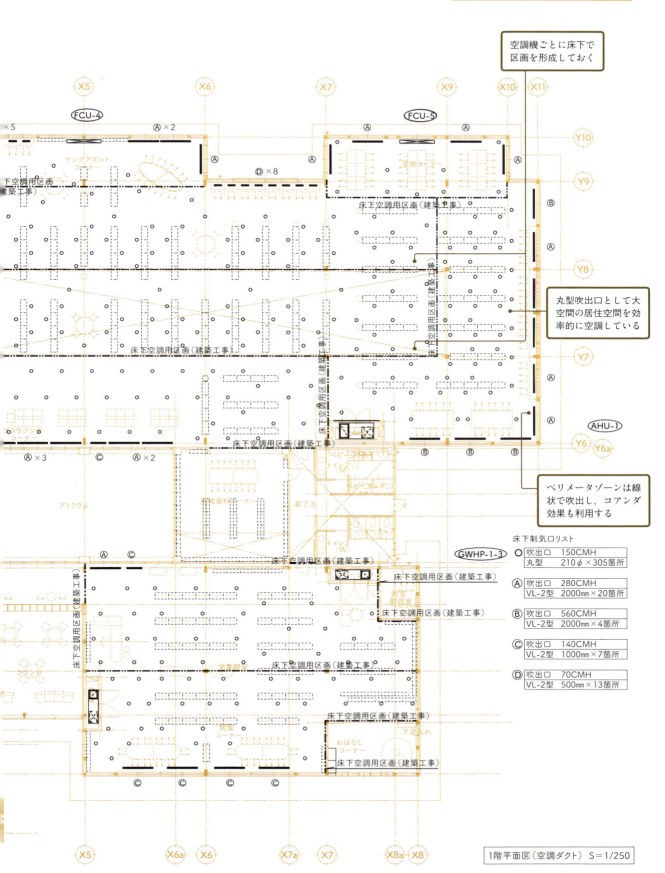

1階平面図（空調ダクト） S＝1/250

吹出口と吸込口の位置は対角に

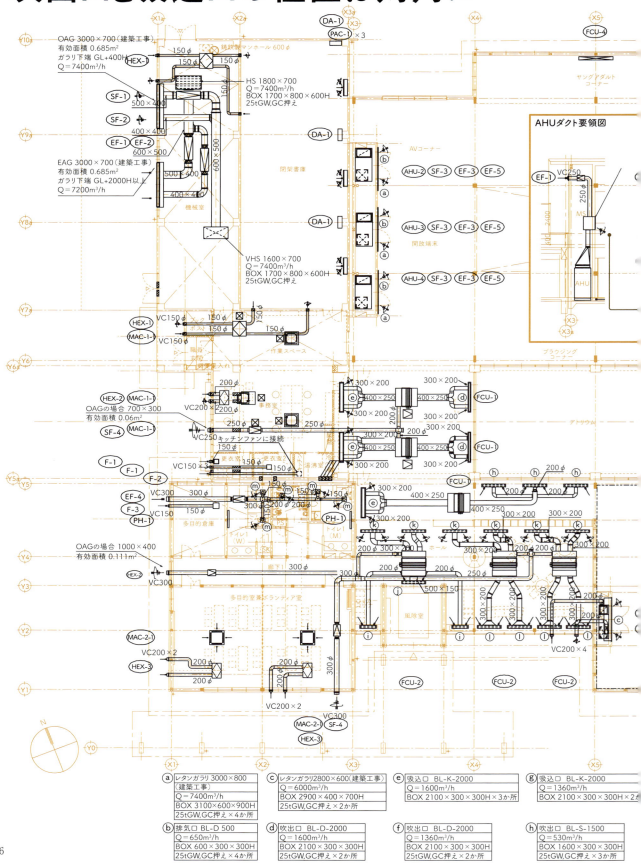

7 中規模公共建築／機械

空調空間や換気空間に吹出口や吸込口を設置することで，室内気流をコントロールして，快適空間を確保するようにしている．空調空間では，吹出口と吸込口の位置は対角に設けることで，室内温室度分布が均一になりやすい．そして室内でも熱負荷変動の大きいところに吹出口を設けるとよい．特に大空間では，吹出口をまんべんなく設置し，吸込口をまとめて設ける場合もある．

ダクトタイプパッケージエアコンを用いて空調する場合，室内機の送風機静圧が小さいため，ダクトも短く計画する必要があり，壁吹出しや，天井の一部を下り天井として下がり壁で吹出し，下がり天井から吸込む設置方法がよい．

空調吸込口を床面に吹出口を設けるときは，冷房運転時を考慮する場合，気流をしっかり上部まで到達させる必要がある．この場合の吹出風速の目安は3m/s程度としたい．基本的には吹出口およびチャンバーまでダクトを接続することが必要であるが，床下空間の活用で床チャンバー方式を採用する場合もある．

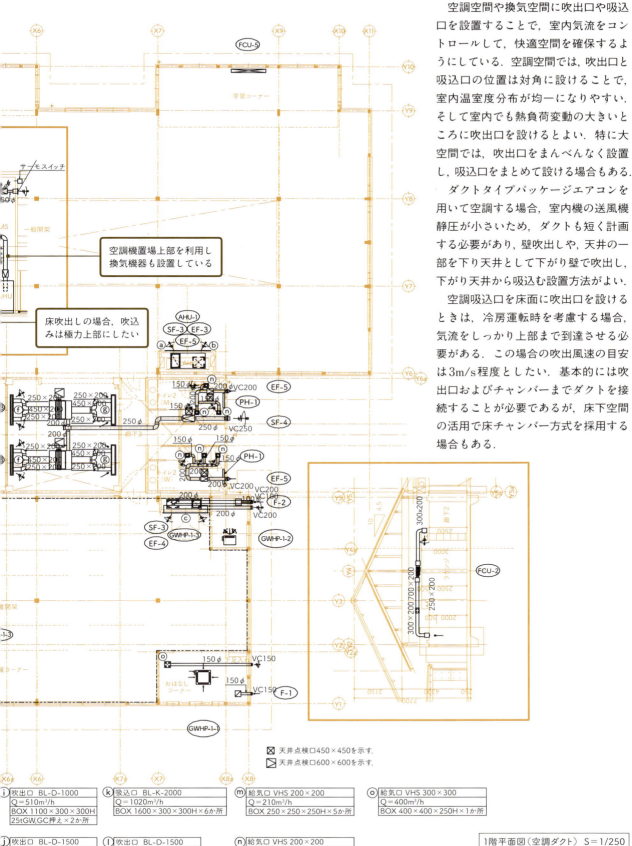

1階平面図（空調ダクト） S＝1/250

配管はリバースリターン，直接リターンのどれにすべきか

　中規模施設の空調配管システムとしては，2管式の配管が多く採用されている．2管式配管の基本は，往管と復管に空調機が接続されることである．このとき，流れ経路が長くなれば，圧力損失も大きく手前の方で流量が確保され，先には流れない傾向となる．これが直接リターン配管方式の欠点である．

　これを改善した方式として，リバースリターン配管方式がある．流れ方向に対し，配管長さが機器ごとに同じ長さとなり，直接リターン方式に比べて配管長が片道分長くなるが，ここに接続された機器（空調機）にとっての配管長さは同じことになる．このため機器間での圧力差がなくなるというメリットが生まれる．

　本建物ではエアハンドリングユニット3台系統はリバースリターンとし，エアハンドリング，ファンコイルユニット系統は直接リターンとしている．前者は3台が同一流量のために圧力差が生まれないようにリバースリターンとし，後者はエアハンの流量とファンコイルユニットの流量差が大きいために直接リターンでもよいとした．

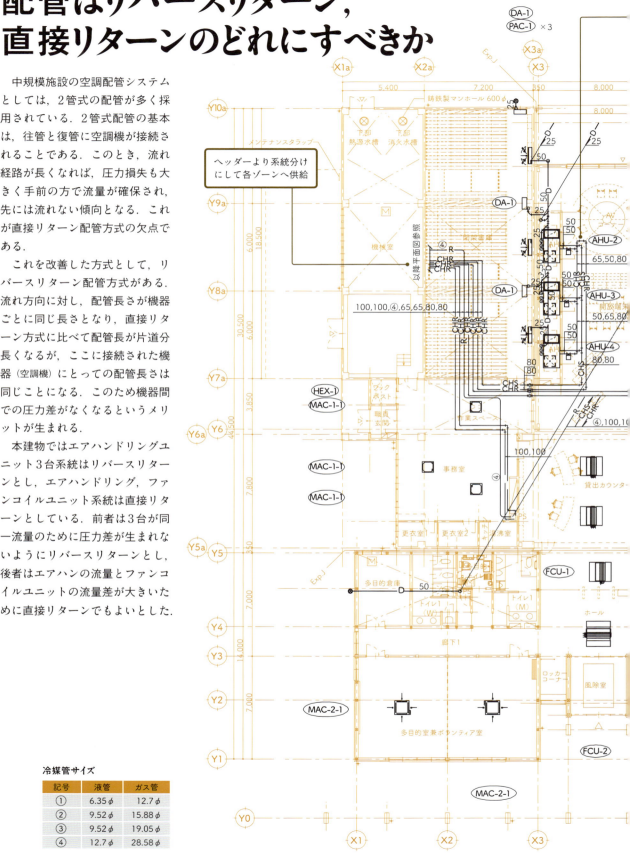

冷媒管サイズ

記号	液管	ガス管
①	6.35φ	12.7φ
②	9.52φ	15.88φ
③	9.52φ	19.05φ
④	12.7φ	28.58φ

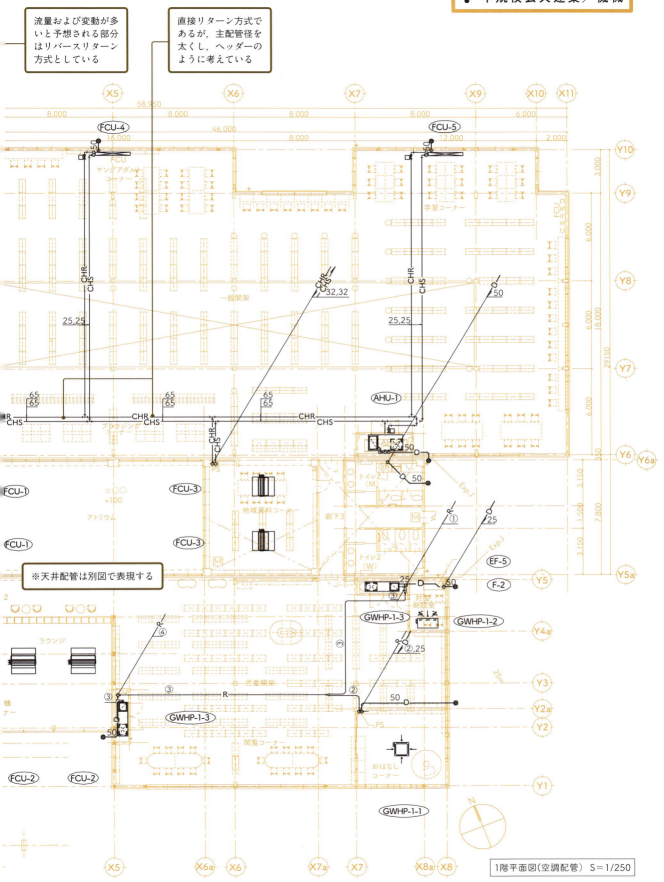

クールチューブは地中熱を利用する

　クールチューブは換気量を多くした場合、内部での結露によってクールチューブ内が閉鎖するまでになってしまう場合がある。クールチューブ内に20A程度のドレン管を設け、常時排水できるようにする配慮も必要となる。クールピットでは、土に接する壁体に結露が発生し、ピット内が湿潤状態となり、カビが発生している可能性もある。

　こんな状態を緩和する方法として、地中熱を利用するようにしている。ゆっくり温度変化が起こるため効果的だ。クールチューブでは、24時間換気程度の換気量を用いるべきであり、クールピットでも同様に考えるとよい。

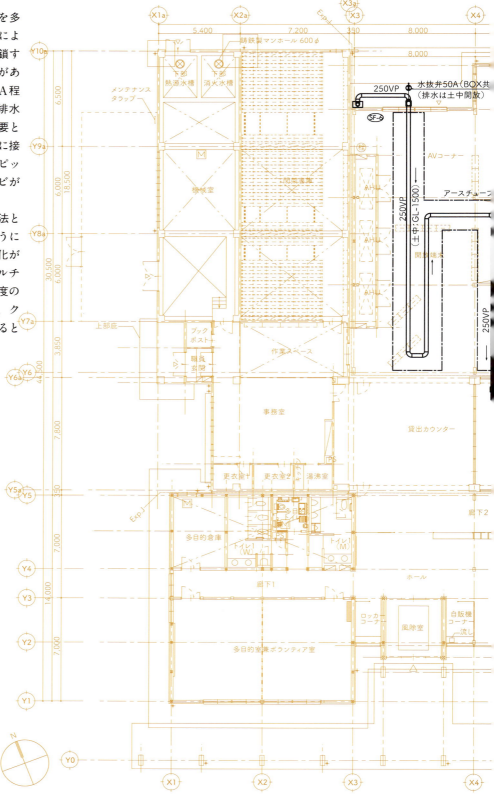

※クールチューブは夏冬での利用でクール／ホットチューブとも呼ぶ。もともとは夏冬利用でもクールチューブと呼んでいた。そのため、アースチューブと呼ばれることもある。

7 中規模公共建築／機械

土中部分はスパイラルダクトではなく，塩化ビニル管（VP）を用いる

水抜弁50A（BOX共）
（排水は土中開放）
250VP　250VP
ファンカバー
（アルミ焼付指定色塗装板2.0mm）
点検用小口径桝 200φ
×6か所
SF-6 ×2
アースチューブ
250VP
（土中：GL-1500）
250VP
（土中：GL-1500）
250VP
（土中：GL-1500）
250VP
（土中：GL-1500）

自然エネルギー利用をビジュアル的にアピールすることも大切

吹出口250φ
FL+200以上立上×3か所

アトリウム空間に給気を行い，各所で排気する

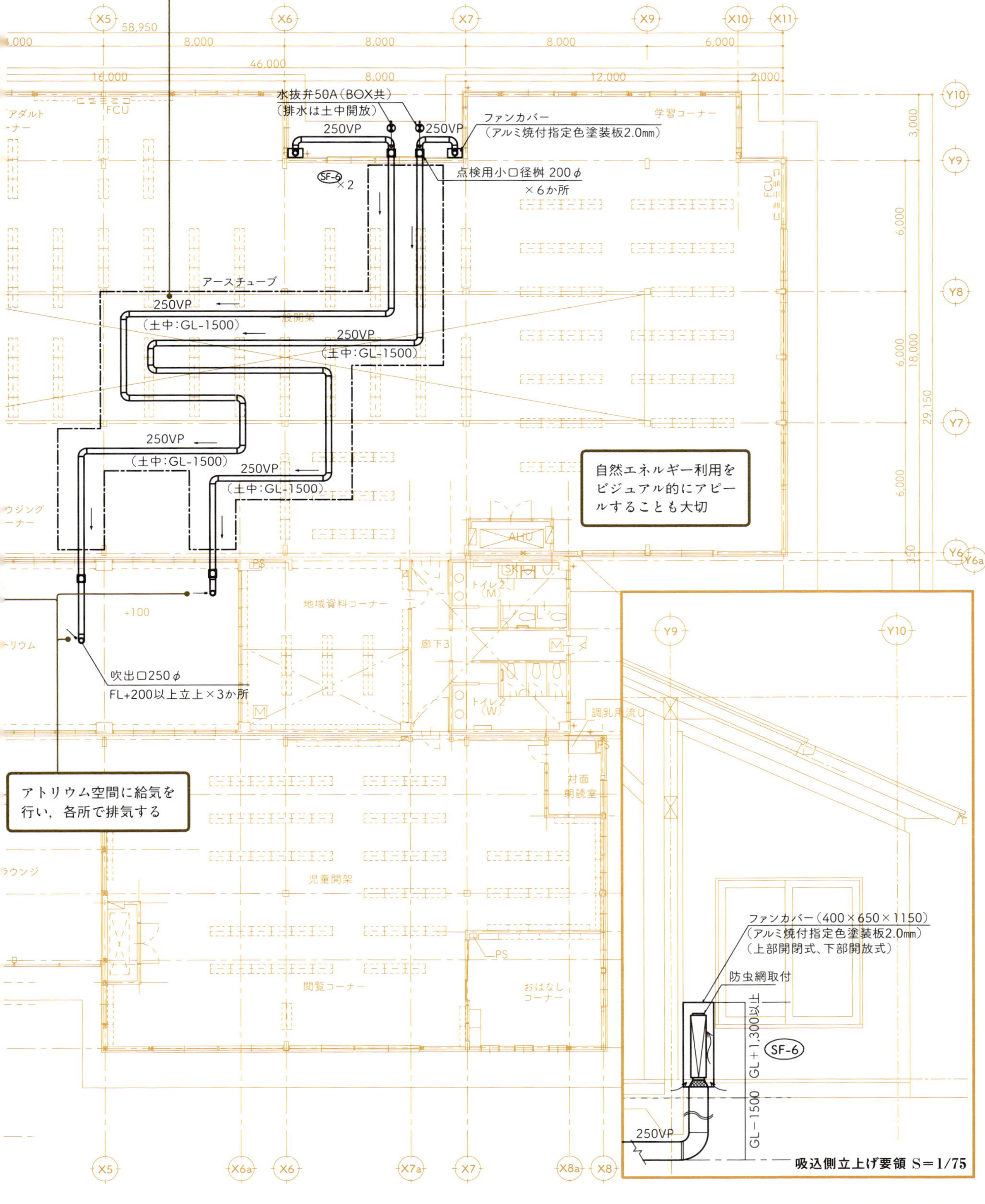

ファンカバー（400×650×1150）
（アルミ焼付指定色塗装板2.0mm）
（上部開閉式、下部開放式）
防虫網取付
SF-6
GL+1,300以上
GL-1500
250VP

吸込側立上げ要領 S=1/75

1階平面図（アースチューブ） S=1/250

自動制御で省エネする

設備設計で決定された容量は，最大値を満足させる容量となっている．しかし，給水・給湯量も冷暖房熱量も実負荷としてはそれ以下となる．そのため装置の運転は最大値以下に制御されることになる．この抑制をすることが省エネルギーとなる．

たとえば冷暖房であれば，室内設定温度に合わせて空調機が運転する．このとき必要風量をコントロールする．風量が制御されるとコイルに流れる水量が制御される．水量とともに冷熱源機や温熱源機でつくられる熱量が変化することで，機器がON/OFFをする．このことで室温を一定にしながら冷熱源機器で消費されるエネルギーが変化し，省エネルギーとなる．

つまり，自動制御を設計することで，省力化と省エネルギーと快適性が確保される．

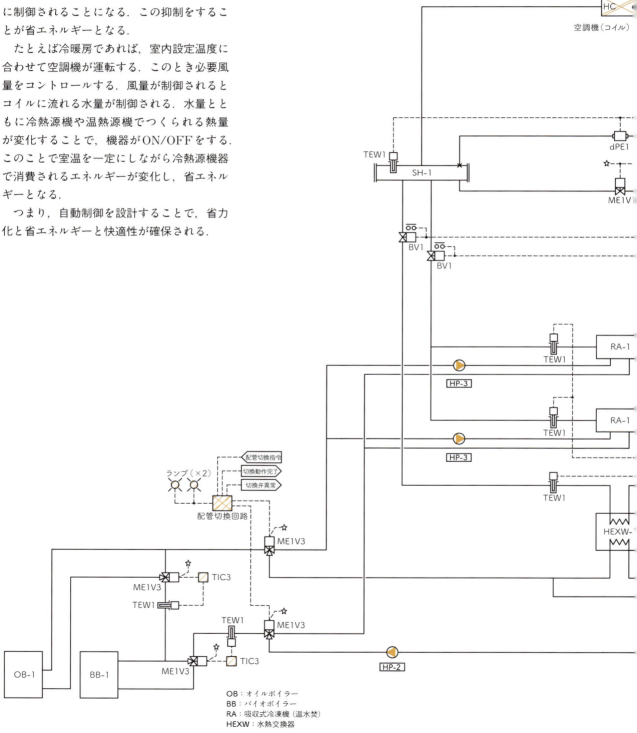

OB：オイルボイラー
BB：バイオボイラー
RA：吸収式冷凍機（温水焚）
HEXW：水熱交換器

7 中規模公共建築／機械

低炭素社会をめざし，冷暖房時のエネルギー使用として，木質バイオマスボイラー（BB）の使用を考えた．BBの温水で冷暖房をする．冬は暖房用温水をBBでつくり，そのまま水熱交換器から空調機に送る．空調機は室内のセンサーによって空調機水量をコントロールして室温を一定にする．夏はBBで温水をつくるが，バイオ燃料が安定しないと温水温度が上昇しないときがあり，そのためオイルボイラーでさらに加熱して，より高い温水として吸収式冷凍機の加熱源にする．吸収冷凍機でつくられた冷水を空調機に送り，冷房運転ができる．

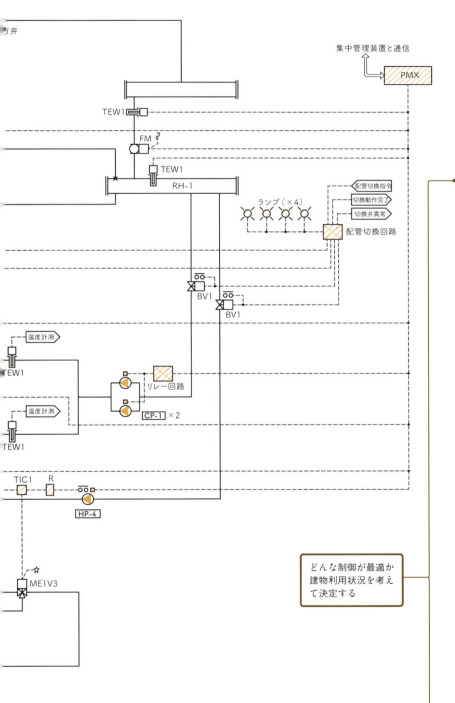

制御項目

❶熱源機台数制御
負荷流量により熱源機の必要台数を演算し，下図のように発停制御を行う．また，熱源機の自動ローテーションを行う．故障機については台数制御対象から除外するものとする．

なお，熱源機の能力の変動等の補正のため，往温度により増段，還ヘッダー内温度により減段の補正を行う．また，冷暖時はR-1の2台をベースとし，暖房時はHEXW-1をベースとした上で，二次側負荷がHEXW-1で賄えない場合にR-1 2台を運転させる．

❷ヘッダバイパス弁制御
ヘッダー間差圧が一定となるように，下図のようにヘッダバイパス弁の比例制御を行う（但しポンプ停止中は，起動時における熱源機の通過水量確保の為，バイパス弁を全開とする）．また，群指令ONまたは増段の前にバイパス弁を強制開とし，圧力の急増を防止する．

❸3方弁切換制御
配管温度により3方弁の切換を行う．

❹配管切換制御
中央からの配管切換指令により，冷水配管／温水配管の切換を行う．また，切換動作完了後は動作完了信号を出力する．

❺切換弁異常監視
切換弁異常時，異常信号の出力を行う．

❻集中管理装置との通信
（発停・監視・設定・計測）

※熱源機と一次ポンプ，冷却水ポンプ及び冷却塔ファンの連動配線並びにインターロック渡り配線工事は本工事とする．
※連動シーケンス回路は熱源機の機側盤内回路及び，動力盤内回路を使用する．

自動制御設備計装図

中規模工場 SK工場

この工場は，主に食品や化粧品などに使われる香料を扱っているメーカーの生産拠点である．一般に工場としてイメージされるプレハブ建てのイメージはもはやなく，現代の工場は生産拠点としての要求性能も高く，それらを満足させる緻密な設計でなければならない．設計条件をどう整理し，読み解くかが重要となる．

前面道路に水道本管が
ないときは新たに埋設する

　この計画地の前面道路には水道本管がない．前面道路の約60m南側に50Aの水道管があり，これを水道局と交渉して40Aの配管で延伸することになった．公道上の工事範囲を最小とすることも工事金額からは必要で，敷地南端の公道上までの延長としている．道路復旧を考えると，町道より市道，市道より県道と復旧工事が高くなるので，自費工事の場合はこのように考えるとよい．

> 雨水計算は屋根ごとに計算し，それぞれをまかなう浸透施設を設置している

雨水浸透計算書

倉庫部分
計画水深　→　1.0m
浸透面積　→　334 × 0.00857（ha）＝ 2.86238 ≒ 2.9㎡
浸透トレンチ幅　→　0.6m
浸透トレンチ設置延長　→　（2.9−0）÷ 0.6 ＝ 4.8333 ≒ 4.9m
浸透トレンチ設置長さ　→　14.5m ＞ 4.9m ・・・ OK

倉庫以外の部分
計画水深　→　1.0m
浸透面積　→　334 × 0.207594（ha）＝ 69.336396 ≒ 69.4㎡
浸透トレンチ幅　→　0.6m
浸透トレンチ設置延長　→　（69.4−0）÷ 0.6 ＝ 115.6666 ≒ 115.7m
浸透トレンチ設置長さ　→　117.3m ＞ 115.7m ・・・ OK

落蓋式側溝詳細図　S=1/10（建築工事）

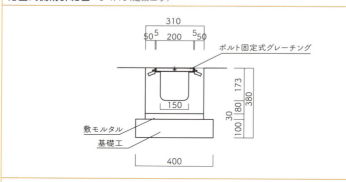

浸透トレンチ構造図　S=1/20

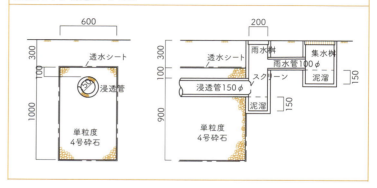

S 中規模工場／機械

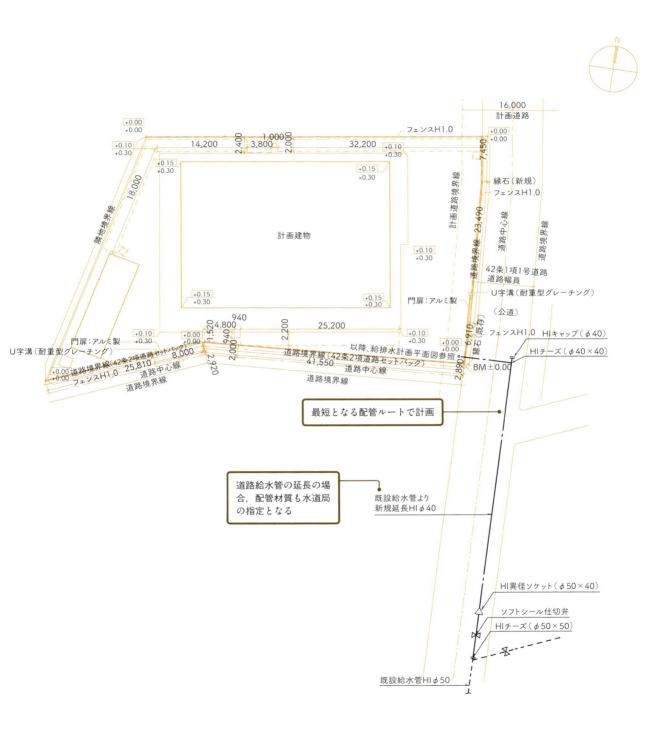

配置図（給水）　S＝1/300

インフラが不十分なときは敷地内で処理

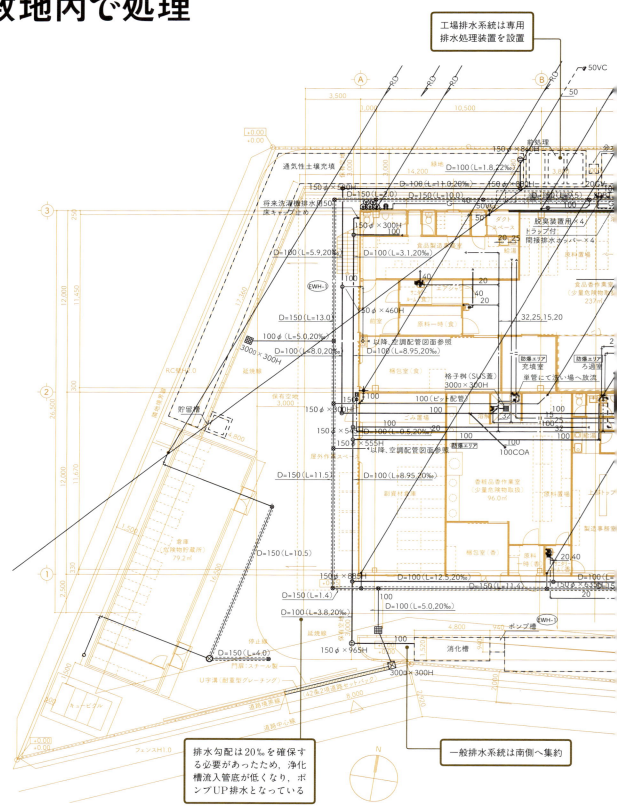

S 中規模工場／機械

上水道は敷地近くにあったので延伸できたが，もしないときは井戸を掘ることになる．この敷地では排水の放流ができないため，汚水は浄化槽を設置し，処理水も敷地内で蒸発散することになった．同様に工業排水も消化槽を設置し，蒸発散処理をした．蒸発散処理施設の設置スペースを確保するために，汚水は南側，工場排水は北側へ集約している．さらに敷地内の雨水についても放流ができないため，雨水浸透処理を行っている．

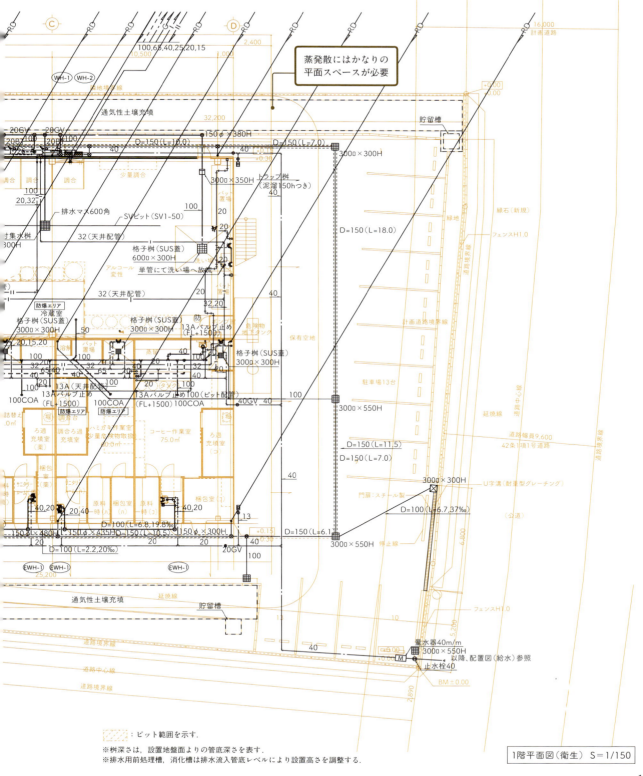

1階平面図（衛生）　S＝1/150

※桝深さは，設置地盤面よりの管底深さを表す．
※排水用前処理槽，消化槽は排水流入管底レベルにより設置高さを調整する．

パッケージ消火は包含と歩行距離

　パッケージ消火設備はある一定条件をクリアできれば，屋内消火栓の代替としてとてもコストパフォーマンスがよい．ポンプや水槽，非常電源も不要となるのでぜひ採用したい．計算上注意が必要なことは，屋内消火栓のように包含のみでなく，歩行距離で20m以内に建物すべてを警戒しなくてはいけないことである（所轄の消防により基準は異なる場合がある）．

間仕切りの少ない大空間は屋内消火栓同様の配置をしやすい

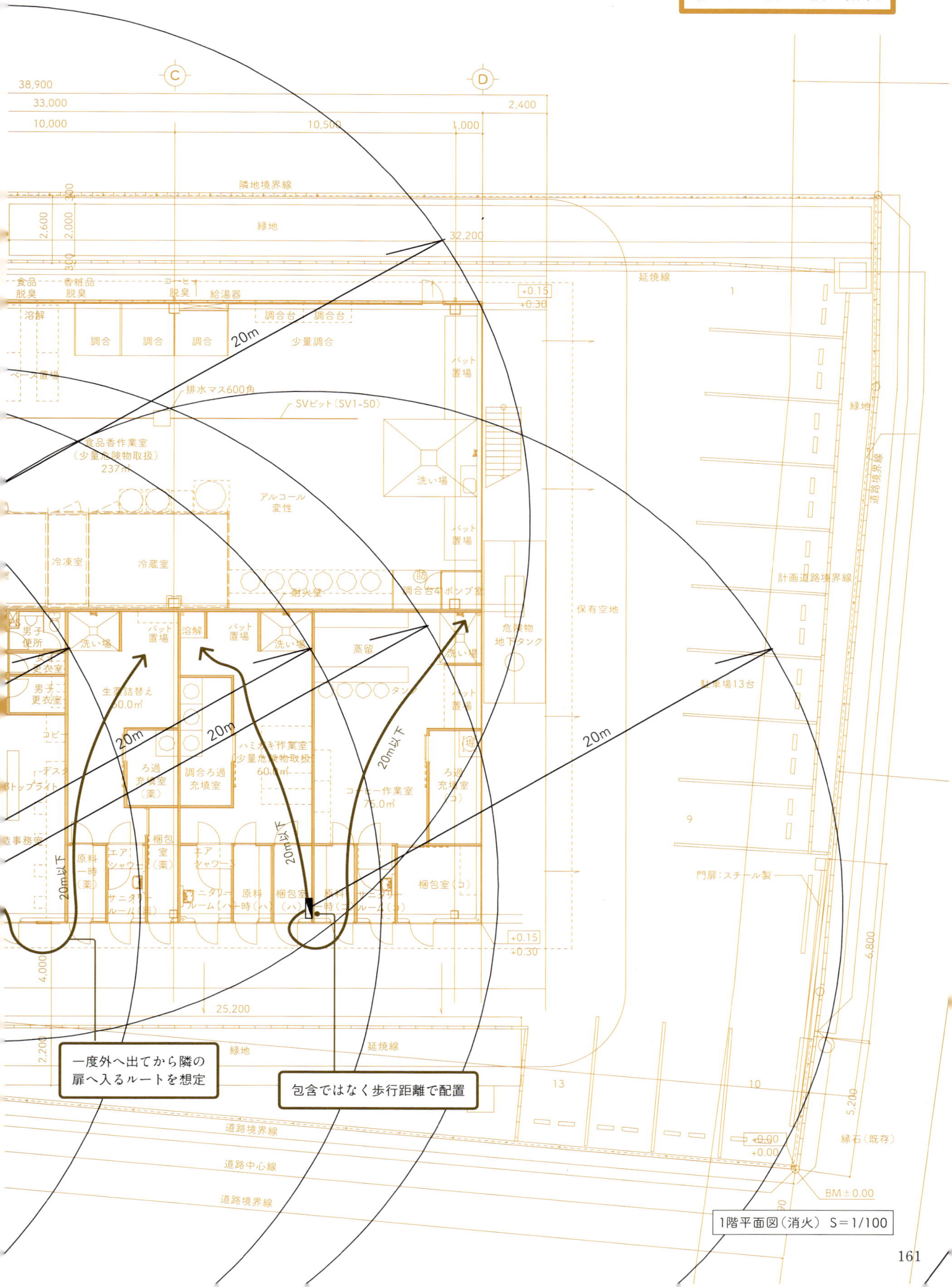

S 中規模工場／機械

1階平面図（消火）　S＝1/100

一度外へ出てから隣の扉へ入るルートを想定

包含ではなく歩行距離で配置

特殊排水処理施設はオーダーメイド

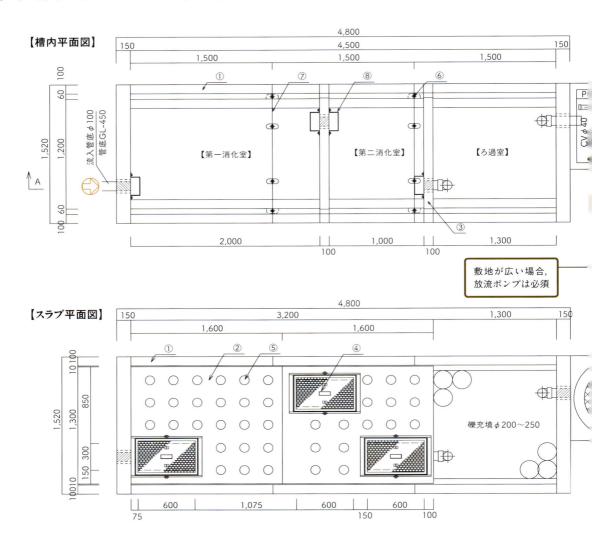

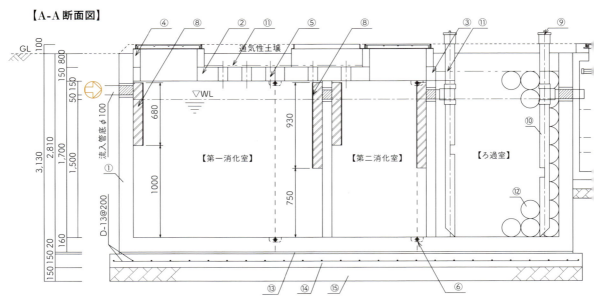

S 中規模工場／機械

工業排水は臭気物を多く含むことから，工業排水として消化槽で処理（前処理）をしてから放流する．この前処理は第一，第二消化室では通気土壌と接することで，土壌菌によって臭気を分解するようにしている．そして，ろ過は礫によって吸着させてから蒸発散のための通気土壌に流している．

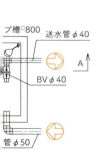

特殊工場排水に合わせてオーダーメイドで消化槽を設計する

設計仕様

記号	ガス器具名
日最大処理水量	1.8m³／日
第一消化室	3.6m³
第二消化室	1.8m³
ろ過室	2.3m³
総容量	7.7m³
ポンプ槽	800×800
排水水中ポンプ	φ40×100V×0.15kW×2台 非自動 単独交互運転 FS×3ヶ
制御盤	屋外壁掛け式 400×150×600H（メーカー標準） 外部警報（無電圧A接）

部品名称表

記号		品名	備考
①	※	本体	本体分割数は製品により異なる
②	※	スラブ	スラブ分割数は製品により異なる
③	※	隔壁板	本体にセットして納入になる
④	※	蓋・受枠・調整桝	高さ調整桝 W300×L600×H200 枠高H50
⑤	※	通気開口	φ90～120
⑥	※	連結フランジ金物	M16ボルト・ナット付
⑦	※	弾力性エポキシ接着	OKエポボンド（1液ガンタイプ）
⑧	※	SUSピットホール	SUS(t=1) M12ボルト・ナット付
⑨		φ100点検口	建築工事
⑩		φ100組立管	建築工事
⑪		不織布	
⑫		礫 φ200～250	建築工事
⑬		敷きモルタル	建築工事
⑭		均しコンクリート	建築工事
⑮		基礎砕石	建築工事
⑯			

※印は製品に含まれる．

材料表

品名	数量	単位参考重量〔kg〕
本体（端面部L=1500）	2基	4,410
本体（中間部L=1500）	1基	3,180
スラブ（L=1600）	2基	700
隔壁板	2枚	
300×600×H200調整桝	3基	75
蓋・受枠付	3組	
OKエポボンド	5本	
SUSピットホール	4個	
穴加工	1式	
ボルトおよび吊用アイボルト	1式	
総重量〔kg〕		13,400

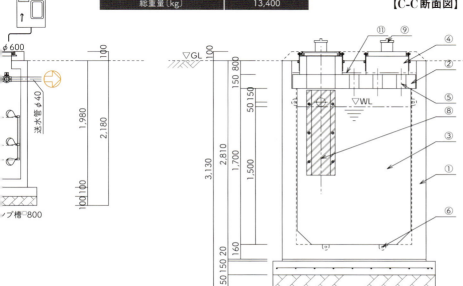

【C-C断面図】

消化槽 平面図・断面図 S＝1/20

屋外機の系統分けは使用時間帯や使用状況で決定

　ビル用マルチヒートポンプパッケージエアコンは冷媒配管で，室内機と屋外機を接続し，室内機ごとの温度設定で運転をすることができる．1・2階で系統を分けることで運転時間の異なる系統を含まないようにし，合理化を図っている．ビル用マルチヒートポンプパッケージエアコンの制御性がよくなれば，系統分けをしなくてもよいことになる．

　建物の運用時間，方法などを理解した上で，適切な系統分けを行うことがランニングコストの削減にもつながる．

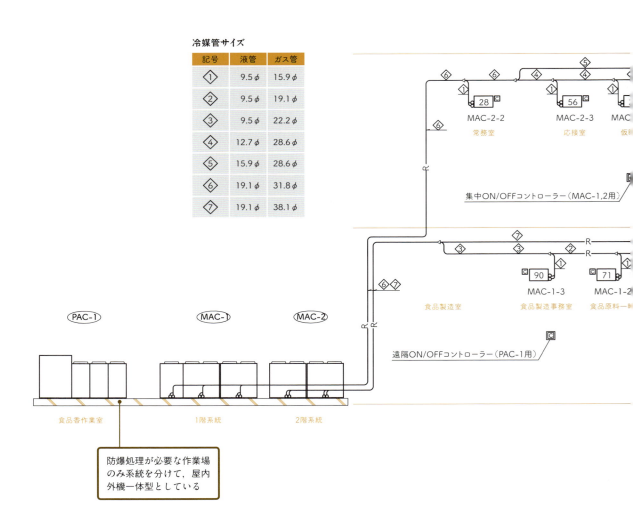

S 中規模工場／機械

機器表

記号	名称	仕様	相〔φ〕	電圧〔V〕	電力〔kW・W〕	数量	設置場所
PAC-1	パッケージエアコン	空冷式一体型 冷房能力 50.0kW／暖房能力 56.0kW／屋外送風機 0.6×2kW／室内送風機 3.7kW／圧縮機（2.7[4P]＋2.7[4P]）×2kW／冷媒R410A／送風量：9000CMH（OA量：1500CMH）／ワイヤードリモコン・防振ゴム共	3	200	17.4	1	屋外（食品作業室用）
MAC-1	ビル用マルチエアコン	屋外機（省設置型） 冷房能力 134.3kW／暖房能力 151.0kW／送風機（0.75）＋（0.75×2）×2kW／圧縮機（3.3＋4.5）＋（4.3＋4.5×2）×2kW／冷媒R410A／集中ON/OFFコントローラー・防振ゴム共	3	200	43.9	1	屋外
MAC-2	ビル用マルチエアコン	屋外機（省設置型） 冷房能力 95.4kW／暖房能力 107.0kW／送風機（0.35×2）＋（0.75×2）kW／圧縮機（2.7＋4.5＋4.5）＋（4.3＋4.5＋4.5）kW／冷媒R410A／集中ON/OFFコントローラー・防振ゴム共	3	200	30.4	1	屋外

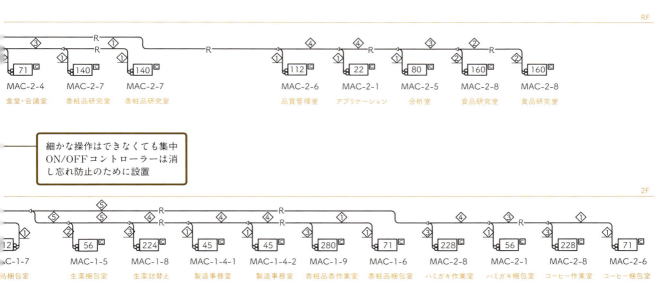

細かな操作はできなくても集中ON/OFFコントローラーは消し忘れ防止のために設置

空調配管系統図

給排気を方位で分ければ完璧

　多様な香りを扱う工場のため，香りの混在は好ましくない．給気を南側から取り入れ，排気を北側へと出すことで香りの対策を行っている．また北側1階部分には，水処理により脱臭を行うスクラバーユニットを設置して近隣への臭気対策を行っている．

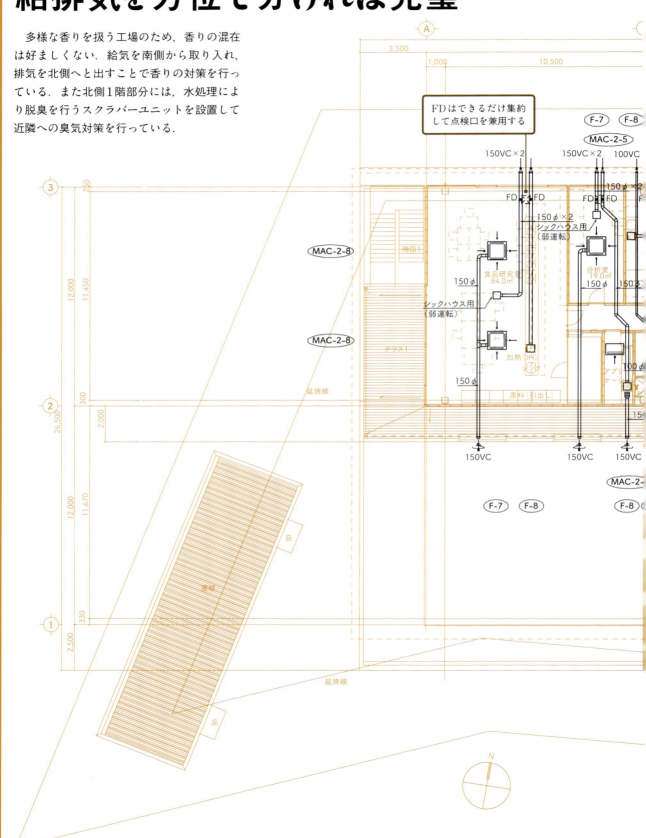

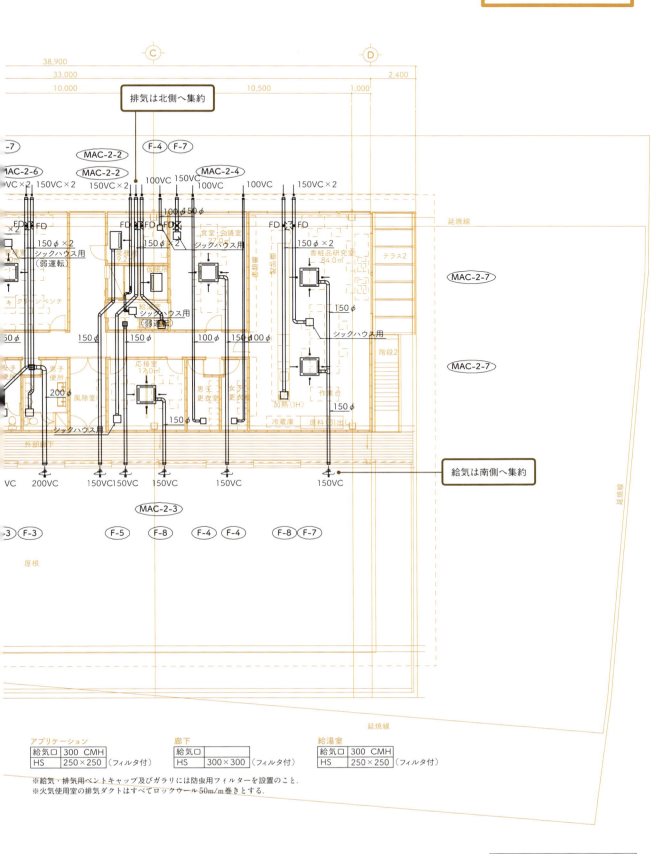

キュービクルタイプの受変電設備は屋内外設置可能

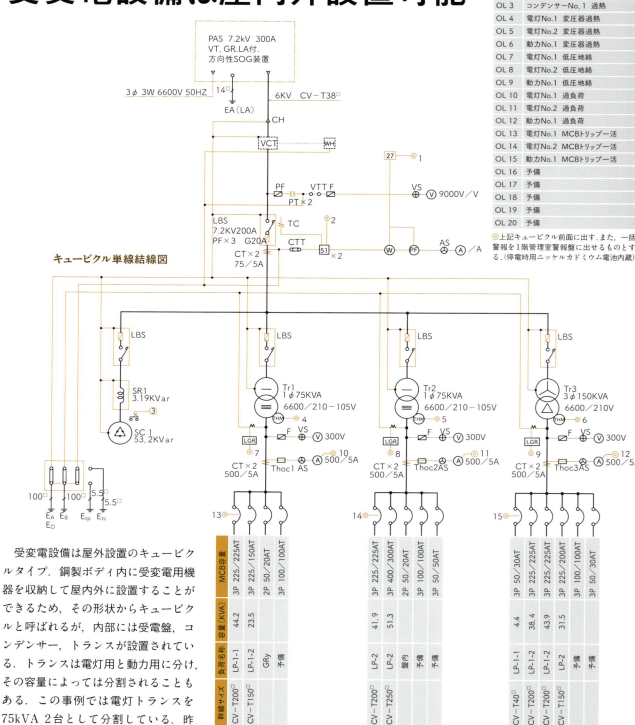

キュービクル単線結線図

キュービクル警報盤

PL No.	名称
W	電源
OL 1	停電
OL 2	高圧過電流
OL 3	コンデンサーNo.1 過熱
OL 4	電灯No.1 変圧器過熱
OL 5	電灯No.2 変圧器過熱
OL 6	動力No.1 変圧器過熱
OL 7	電灯No.1 低圧地絡
OL 8	電灯No.2 低圧地絡
OL 9	動力No.1 低圧地絡
OL 10	電灯No.1 過負荷
OL 11	電灯No.2 過負荷
OL 12	動力No.1 過負荷
OL 13	電灯No.1 MCBトリップ活
OL 14	電灯No.2 MCBトリップ活
OL 15	動力No.1 MCBトリップ活
OL 16	予備
OL 17	予備
OL 18	予備
OL 19	予備
OL 20	予備

◎上記キュービクル前面に出す．また，一括警報を1階管理室警報盤に出せるものとする．（停電時用ニッケルカドミウム電池内蔵）

受変電設備は屋外設置のキュービクルタイプ．鋼製ボディ内に受変電用機器を収納して屋内外に設置することができるため，その形状からキュービクルと呼ばれるが，内部には受電盤，コンデンサー，トランスが設置されている．トランスは電灯用と動力用に分け，その容量によっては分割されることもある．この事例では電灯トランスを75kVA 2台として分割している．昨今では，オープンフレームを用いて受変電室を設ける場合は少なく，屋内設置の場合も，電気室にキュービクルタイプを設置する場合が大半である．

S 中規模工場／電気

キュービクル参考姿図

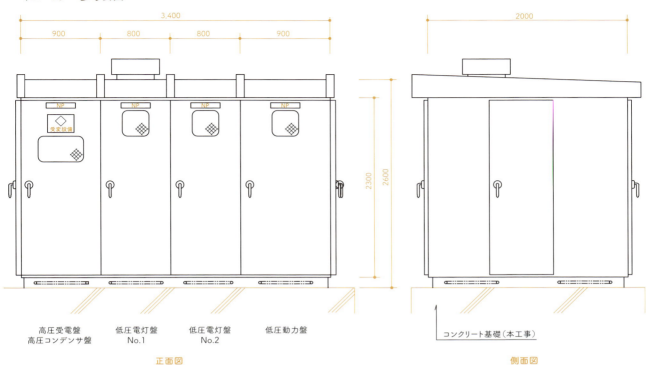

正面図　　　　　　　　　　　　　　　側面図

高圧受電盤／高圧コンデンサ盤　低圧電灯盤 No.1　低圧電灯盤 No.2　低圧動力盤　　　コンクリート基礎（本工事）

キュービクル附属品

名称	数量
❶ DS棒 7.2kV 1.5m	1本
❷ 検電器 高圧用 低圧用（音響発光式）	各1本
❸ 耐電ゴム板 20kV t=6mm（耐圧テスト合格品）	6㎡
❹ 高圧用ゴム手袋　20kV／分	1組
❺ パワーヒューズ	100%
❻ 限流ヒューズ	100%
❼ 一般ヒューズ	100%
❽ パイロットランプ	100%
❾ 消火器 ABC粉末4型（収納箱共）	1本

❶ キュービクル設置場所　※●印は該当
| ○ 屋内型 | ● 屋外型 |

❷ 仕様選択　※●印は該当
| ○ 消防認定品 | ● 一般仕様品 |

❸ 箱体仕様
　鋼板製，錠付，指定色焼付塗装仕上

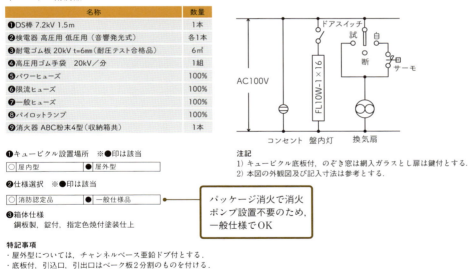

注記
1) キュービクル底板付，のぞき窓は網入ガラスとし扉は鍵付とする．
2) 本図の外観図及び記入寸法は参考とする．

パッケージ消火で消火ポンプ設置不要のため，一般仕様でOK

凡例

記号	名称
PCT	計器用変流器
DS	単投断路器
VCB	真空遮断器
LBS	負荷開閉器
VCS	高圧真空電磁接触器
MCB	配線用遮断器
MC-DT	双投形電磁接触器
PT	計器用変圧器
CT	計器用変流器
ZCT	零相変流器
PTT	電圧試験用端子
CTT	電流試験用端子
SC	進相コンデンサ
SR	直列リアクトル
A	電流計
AS	電流計切換スイッチ
V	電圧計
VS	電圧計切換スイッチ
PF	力率計
W	電力計
WH	電力量計
27	不足電圧継電器
51	過電流継電器
LGR	地絡過電流継電器
55	自動力率調整器

特記事項
・屋外型については，チャンネルベース亜鉛ドブ付とする．
・底板付，引込口，引出口はベーク板2分割のものを付ける．
・チャンネルベースには雨よけスカートを付ける．
　・但し，消防認定品は通気孔をふさぐため雨よけスカートは取り付けない．
・MCB2次側への接続電線用支持バーは，MCBの段数分設ける．
・予備ヒューズの数は現用の数とする．
・現設計図が高圧SRX-Cの組合せであっても，低圧LCユニットとしてよい．
・保護板（アクリル板）の設置について
　・各函体の扉側に取り付ける（低圧パネル部分は除く）．
　・函体後部は上下2段に取り付ける．
　・保護板の大きさは，当社標準より一回り大きくする．
　・保護板の支持金具は，2段とする．
・FLの取付けは低圧パネル側のみにつける（Dr-SW付）．
・サーモラベル70℃（不可逆）を要所に貼付する．
・外部警報用端子の出し方
　・全ての警報について端子出しをし，渡り線取りをする（但しブレーカ警報は電灯系，動力系でまとめる）．
　・高圧の警報（GR，LBS）と低圧の警報はコモンを別とする．
　・キュービクル一次側にUGSがある場合は，UGS警報用中継端子を設ける．

※消防認定品とする．

受変電設備 単線結線図・機器姿図

ハンドホールはセパレーターで強電弱電をまとめて収容

この図は，キュービクルから電灯動力盤（LP）までの幹線ルートを表示した図面だが，合わせて弱電ルートと屋外電灯動力の配管・配線を示している．分電盤は，Lは電灯（Light），Pは動力（Power）で，その頭文字LP（電灯動力兼用）として示されている．

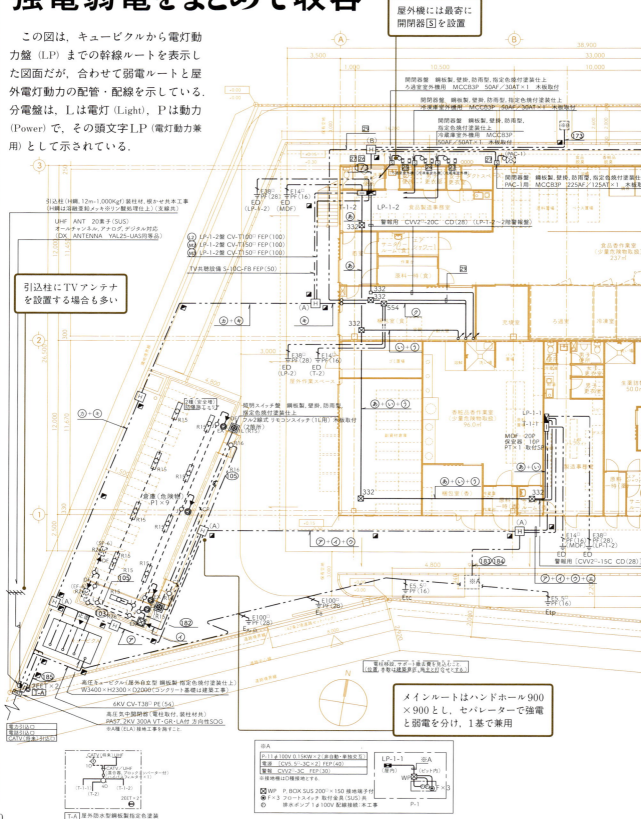

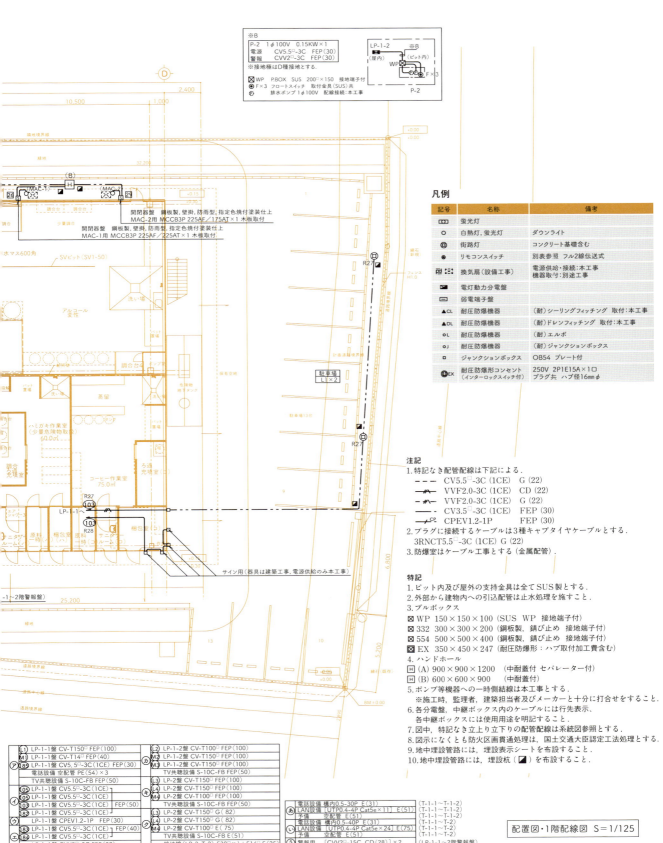

総合盤の設置は
警戒区域ごとに必要

　自動火災報知設備は，感知器が警戒区域ごとに設けられている．感知器が作動すると，ベル，赤色灯，発信機を組み込んだ総合盤が警報を発するとともに，常時人のいるところに設けられた受信盤に発報箇所を知らせることができる．図面表記では，総合盤は凡例のように機器収容箱と表現される場合が多いが，現場通称としては総合盤と呼ぶことが多い．本建物では8区画に分けられて，その系統を図示している．ここに用いる配線はAE（耐火ケーブル）となっている．

　通常，屋内消火栓が設置されている場合は総合盤と屋内消火栓箱を一体として計画し，収容する場合が多い．さらには，消火器まで同一箱に収容する場合も多い．設計時には，自動火災報知設備を扱う電気設計と，屋内消火栓を扱う機械設計，消火器を扱う意匠設計とが調整を図り，整合を取る必要がある．本建物では，防爆仕様の総合盤の設置が必要であり，該当室に関しては消火栓箱一体型としていない．

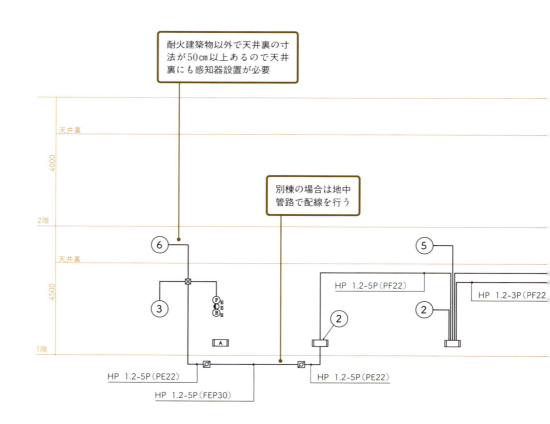

S 中規模工場／電気

凡例

記号	名称	備考
⌫⌦	火災受信盤	P型1級 10回線 壁掛型
□	機器収容箱	埋込型縦型 ⓅⓁⒷ 収容
⌸	機器収容箱	パッケージ型消火栓箱組込型 ⓅⓁⒷ 収容
[A]	機器収容箱	パッケージ型消火栓箱組込型
Ⓟ	発信機	P型1級
ⓅE	発信機	P型1級 防爆型
Ⓛ	表示灯	LED24V
ⓁE	表示灯	LED24V 防爆型
Ⓑ	地区音響装置	DC24V8mA
ⒷE	地区音響装置	DC24V8mA 防爆型
Ⓢ	光電式スポット型感知器	二種
⊖	差動式スポット型感知器	二種
①	定温式スポット型感知器	一種70℃ 防水型
①₁	定温式スポット型感知器	特種60℃ 防水型
Ⓔ	定温式スポット型感知器	一種70℃ 防爆型
∩	終端抵抗	10K Ω
―――	配管配線	天井隠ぺい
―・―	配管配線	ケーブル線
―――	配管配線	床隠ぺい
-------	配管配線	露出
―‥―	配管配線	地中埋設
⤴⤵	配管配線	立上り, 引下げ, 素通し
□	ジョイントボックス	
⊠	プルボックス	
⌀	ハンドホール	
◆	シーリングフィッチング	コンパウンド充填
―・・―	警戒区域境界線	
Ⓝ	警戒区域番号	No.1～8

特記

❶火災受信盤の表示内訳は下記の通り.

自火報	8L
予備	2L
合計	10L

❷地区警報は一斉鳴動方式とする.
❸特記なき配管配線は下記の通りとする.

AE 0.9-2C
AE 0.9-4C
AE 0.9-2C(PF16)
AE 0.9-2C(PF16)
AE 0.9-2C(16)
AE 0.9-4C(16)

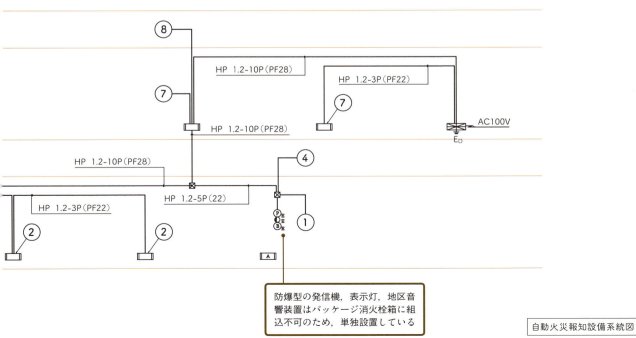

防爆型の発信機, 表示灯, 地区音響装置はパッケージ消火栓箱に組込不可のため, 単独設置している

自動火災報知設備系統図

防爆仕様は強電だけではない

　感知器の設置位置とその警戒区画が示されている．系統図に表示されていなかった感知器と配線が表示されることで，部屋ごととの対応がわかる．パッケージ消火栓と同様に区画で仕切られる部分は総合盤を分散設置している．防爆仕様の部屋には室内，小屋裏ともに防爆対応感知器を設けている．防爆仕様は強電での対応は当たり前であるが，感知器にも防爆仕様がある．

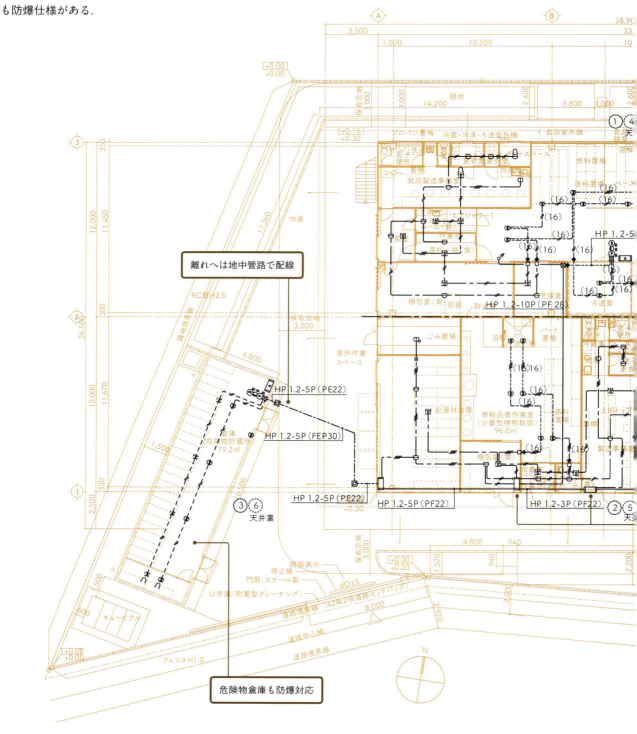

S 中規模工場／電気

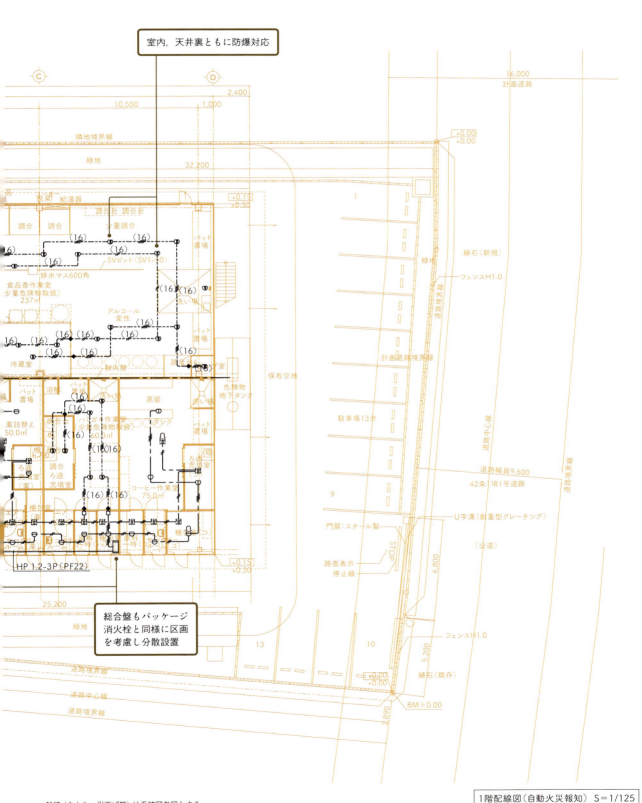

1階配線図（自動火災報知）　S＝1/125

幹線（立上り，引下げ等）は系統図参照とする．

住宅のエネルギー使用は給湯が1/3，暖房が1/3，その他家電エネルギーが1/3といえる．住宅の省エネルギー基準から冷暖房負荷は断熱で軽減することは可能となる．給湯は自然エネルギーを利用することで，エネルギー消費を大幅に削減できる．そして家電エネルギーの1/3を占めた照明もLEDの使用で半減できる．

戸建て住宅 H邸

太陽熱利用温水システムは
利用可能熱量が多い

　太陽光利用と太陽熱利用の判断は建築用途を考慮して行いたい．太陽光発電は電力として利用するため，いかなる建物でも採用可能であり，また需要がある．一方，太陽熱利用は年間を通して温水利用（給湯利用）がある住宅には特に適している．イニシャルコストの回収もしやすいため，この住宅では太陽熱利用（温水システム）が採用されている．何よりも太陽の熱でつくられたお湯で風呂に入っていると嬉しい，という心理的効果により愛着が沸くようである．

　太陽熱利用温水システムは，意匠的な面から建築設計者に敬遠されがちであるが，昨今は太陽光パネルと見た目も変わらない製品も多数販売されている（写真）．太陽熱集熱パネル面積1㎡当たり，およそ年間480kWの集熱量となる．

　変換効率は取得熱量に対して太陽光発電が10〜20%とすると，太陽熱利用温水システムは50〜60%となっており，約3倍以上の利用可能熱量となる．また太陽熱利用温水システムは単純なつくりのため，太陽光パネルよりも耐用年数が長い．適切な配管保温厚やタンク保温厚，室内配管とするなどのケアを行えば，熱ロスを最小限に抑え，熱交換効率の低下を防ぐことが可能である．

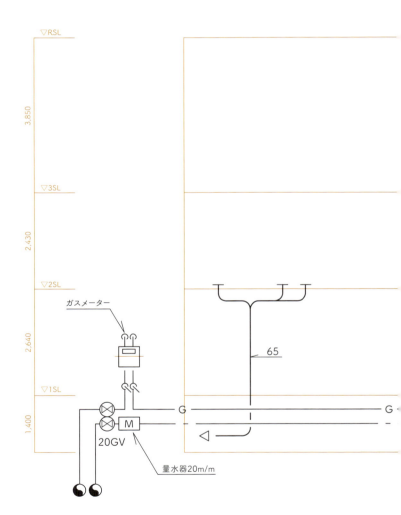

9 戸建て住宅／機械

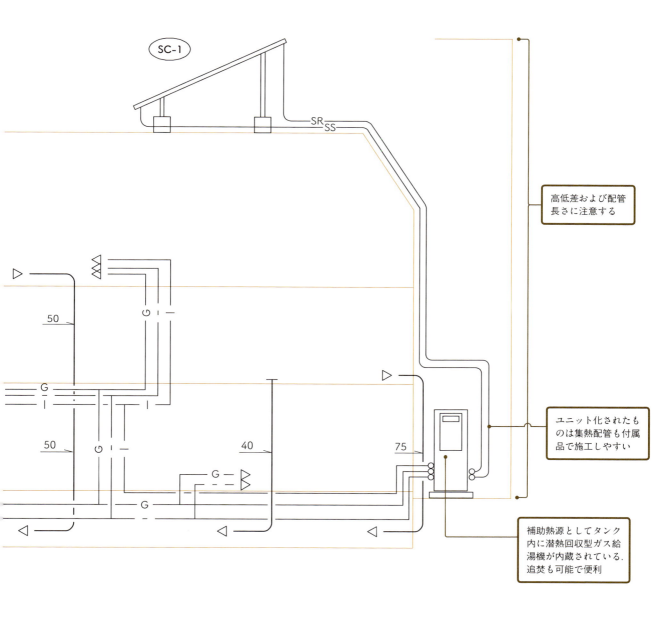

※特記なき給水・給湯・ガス配管はすべて20Aとする．

衛生設備系統図

部屋にガス栓を設けると余分に換気が必要

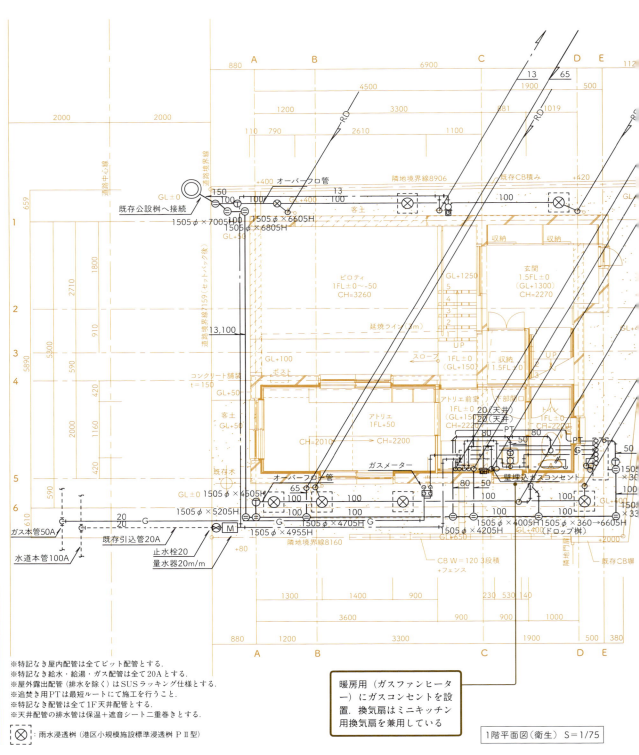

1階平面図（衛生） S＝1/75

9 戸建て住宅／機械

　住宅の場合,「居室の片隅にガス栓を」という要望がときどきくるが,あると便利として設ける居室内のガス栓は,実際には使い道が確定していない場合も多い.

　そんなときは,居室の換気は「シックハウス換気」と考えているのが常であり,ガス栓を設けることで「火を使用する部屋の換気」が適応されることで,二重の換気が必要となることを覚えておく必要がある.「シックハウス換気」と「火を使用する部屋の換気」は別の目的による換気であり,それぞれの条件を満足させるためには二重の換気を設けなければならない.兼用する場合は,スイッチによってシックハウス換気と火を使用する換気と選択肢を設ける必要がある.

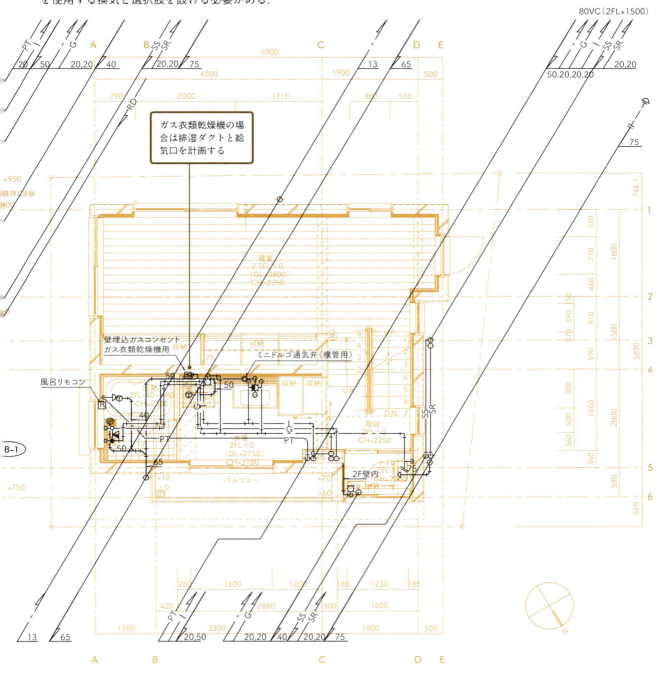

2階平面図（衛生）　S＝1/75

住宅ではユニット化された太陽熱利用が便利

　温水の利用は，給湯機式のボイラーによる70℃以上による熱媒利用と通常ボイラー使用による60℃程度，ヒートポンプによる45〜50℃程度の3レベルの温水温度が考えられる．全体の設備計画の中で，どの熱源を採用すべきか考える必要がある．

　また住宅や小規模建物での太陽熱利用暖房は，自動制御が組み込まれてユニット化された製品の利用が断然便利で安価である．

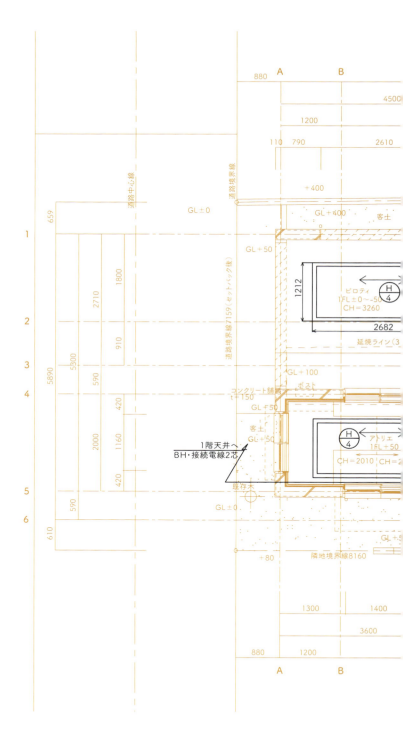

※特記なき配管は，全てピット内配管とする．

9 戸建て住宅／機械

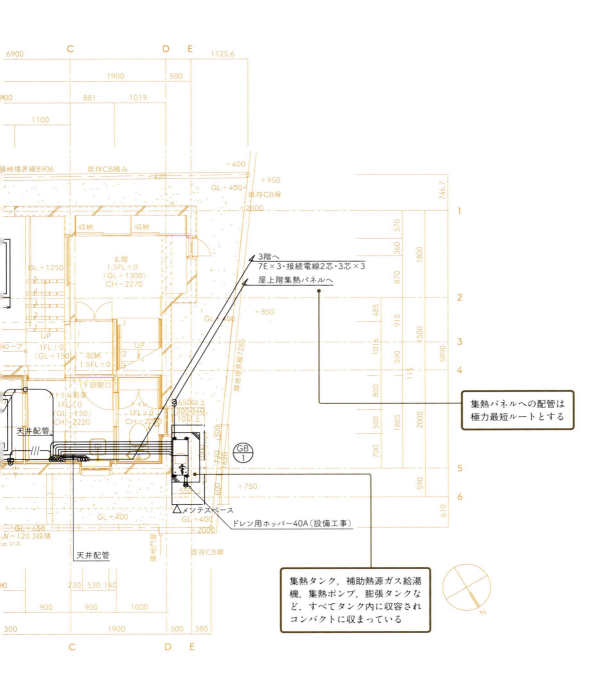

1階平面図（TES） S＝1/75

照明負荷は少なくなっている

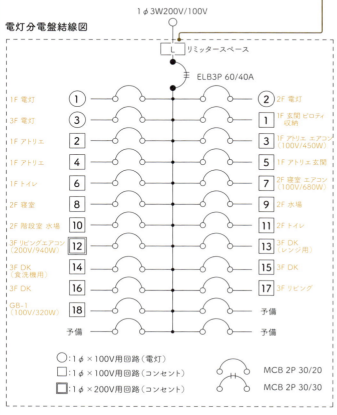

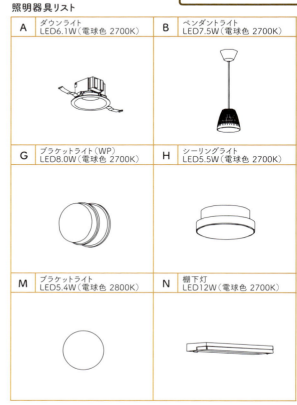

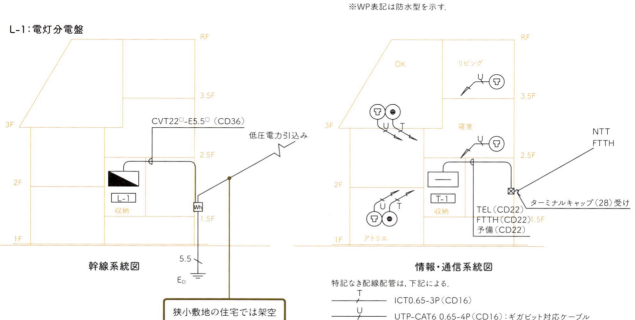

9 戸建て住宅／電気

照明器具の選択が，LEDを主軸として行われるようになってきた．もはや白熱灯の使用は考えられなくなり，白熱灯を主体としていた店舗照明用電力は，大幅に照明負荷が少なくなった．ある店舗の照明用電力負荷は，白熱灯を主体としていたとき80〜90W/㎡であったが，LEDを用いるようになり20〜30W/㎡になった．住宅では10W/㎡以下の場合もある．

住宅では電球色を選定することで，従来の白熱灯のような温かみのある空間をつくることができる．これはLED照明により発光効率が改善され，照明用電力負荷が低減されたことによる．

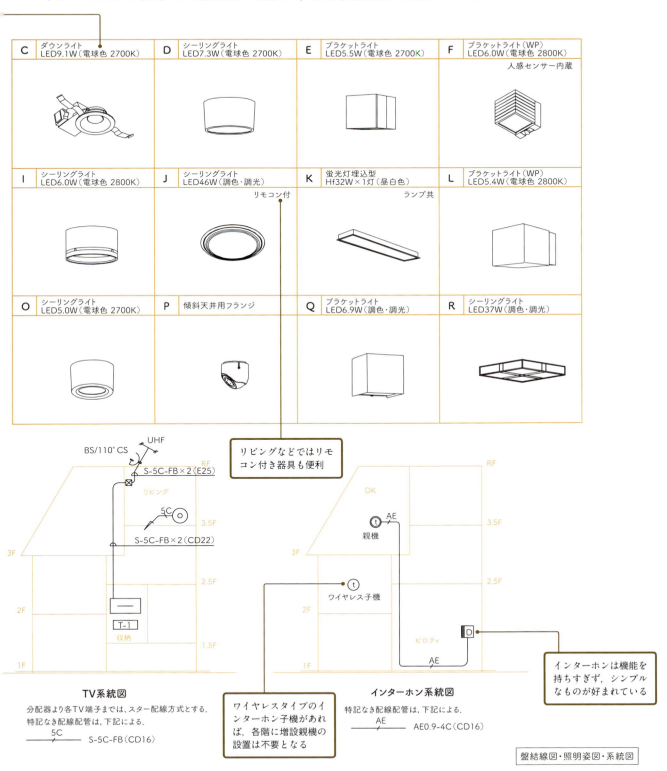

リビングなどではリモコン付き器具も便利

ワイヤレスタイプのインターホン子機があれば，各階に増設親機の設置は不要となる

インターホンは機能を持ちすぎず，シンプルなものが好まれている

TV系統図
分配器より各TV端子までは，スター配線方式とする．
特記なき配線配管は，下記による．
5C ── S-5C-FB (CD16)

インターホン系統図
特記なき配線配管は，下記による．
AE ── AE0.9-4C (CD16)

盤結線図・照明姿図・系統図

敷地が狭い場合は架空引込が多い

　電力引込は，架空引込が圧倒的に多い．多い理由は地域の電力網が架空電線，つまり電柱によって送電されているからである．地中で引込をしようとすれば電線地中化地域でなければならない．

　電線が建物の外壁で引き込まれているのは架空電線地区が多いため，よく見かける状況である．住宅など引込線が細く本数も少ない場合や，敷地境界線までの空間が確保できていない場合は架空引込とする場合が多い．高圧の場合はPAS（気中負荷開閉器）を引込柱に設置して引き込むことになるため，引込柱も太く，高さも必要となるが，住宅規模の場合は管内排煙が可能な既製品も多数出ているため，建柱スペースがある場合はそれらを使うとよい．

　電線地中化地域では，低圧の場合，地中で引き込んだ後に外壁などに開閉器・電力計を付けることとなる．一方，高圧の場合は高圧キャビネットを敷地内に設けて受電することになるので，前面道路の電線状況を最初に確認すべきである．

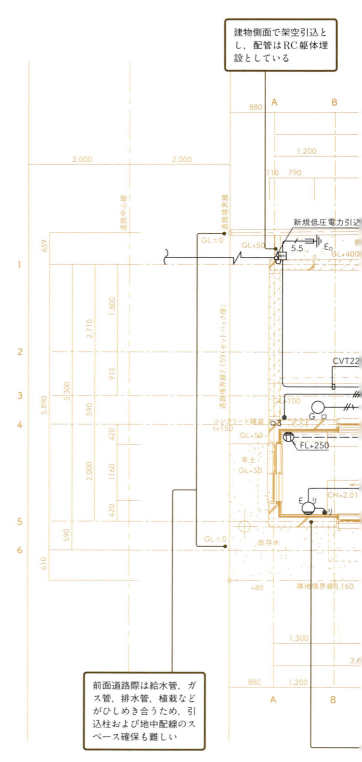

建物側面で架空引込とし，配管はRC躯体埋設としている

前面道路際は給水管，ガス管，排水管，植栽などがひしめき合うため，引込柱および地中配線のスペース確保も難しい

9 戸建て住宅／電気

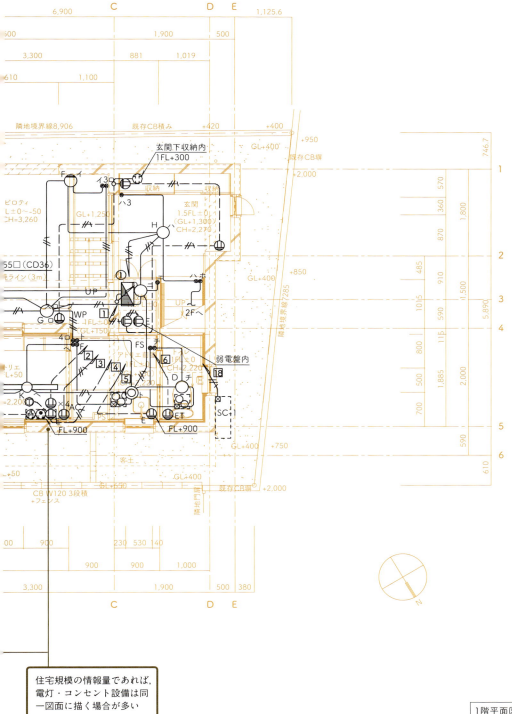

住宅規模の情報量であれば，電灯・コンセント設備は同一図面に描く場合が多い

1階平面図（電灯・コンセント） S＝1/75

電流値は15A以下に抑える

　一般にコンセントは何らかの用途として用いられている．
　机の近くではパソコン用，リビングルームではAV用機器電源で，TV用はかなり多い．台所では電子レンジ用，冷蔵庫用，食洗器用は専用電源として確保される．洗面所ではドライヤー，洗濯機，そして乾燥機にも必要となる．そしてトイレでは便器ごとに専用回路として電源を確保することになる．そして，エアコン用コンセントは専用回路が当たり前になっている．
　コンセント用途が特定していれば使用電力もわかるため，電流値として15A以下に抑えられるように設計することが可能となる．
　また何かで使えるようにと，用途がはっきりしない場合もある．この場合は一つのコンセント当たり150W程度を見込んで，6〜7か所のコンセントを1回路とする．

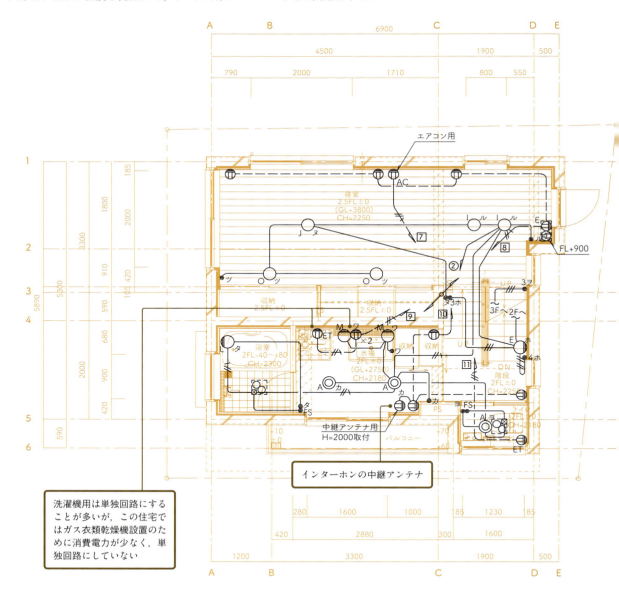

2階平面図（電灯・コンセント設備）　S＝1/75

9 戸建て住宅／電気

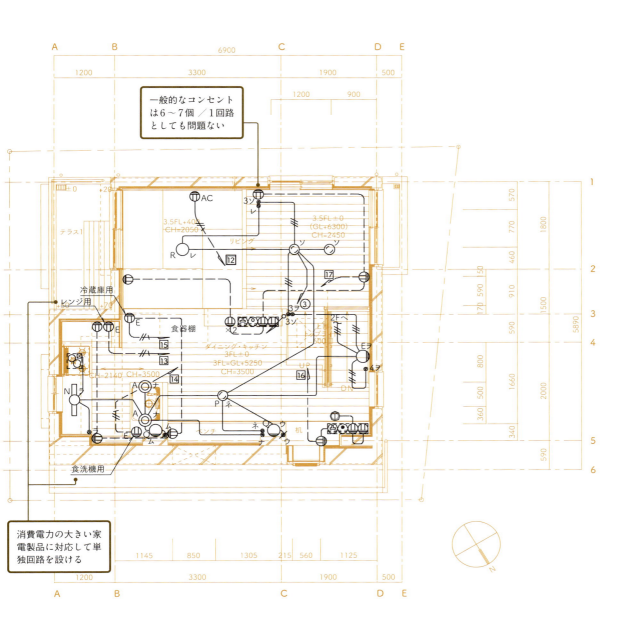

3階平面図（電灯・コンセント） S＝1/75

あとがき

　設備設計を本業としていると，意匠設計事務所とのかかわりは多いが，同業の設備設計者とのかかわりは意外と少ない．特に他の設備設計者が描いた図面を見るのは改修工事の設計で既存図面を見るときくらいである．手描きの時代は図面を見れば所内で誰が描いたかも想像できた．CADではどうだろうか．手描きほど個性は出ないが，それでも自分たちが描いたものか，他の設備設計事務所が描いたものかはなぜかわかる．

　本書では意匠設計者などにも見やすいように，ダクト図はできるだけダブル線で描くなど，図面表現をすべて見直している．技術的な内容とともにZO設計室として図面そのものの表現の方法についてのスタンダード集と捉えていただけるとありがたい．

　建築設備設計を生業として，数多くの建物に携わるなかで，所内で培ってきた共通の考えや経験上の数値，失敗から学んだこと，それをなかなか目にすることのない実際の設備設計図面の中で解説をした．そんな内容が本書に盛り込まれ，活用されることで，お役に立てればと考える．

　本書をまとめるにあたり，多くの方々にご協力いただいた．ここにお名前を記してお礼と致します．オーム社の三井渉氏，このような機会を与えてくださったこと，いつも的確な判断で出版まで導いてくださったことに感謝致します．ZO設計室の西村香代子さん，時間のないなか，あらゆる作業に協力いただきありがとうございました．

2017年10月

伊藤教子
（ZO設計室 室長）

建築概要

	名称	所在地	用途	構造	階数	延べ床面積〔㎡〕
1	中規模オフィス・テナントビル（TSビル）	東京都	事務所	S造	9F	1,664
2	小規模オフィス・店舗ビル（NRビル）	東京都	事務所＋店舗	S造	3F／1F	386
3	中規模マンション（Y集合住宅）	東京都	共同住宅	RC造	13F	1,171
4	高層マンション（CKマンション）	東京都	共同住宅	RC造	18F／1F	39,362
5	レストラン（SFT店）	東京都	飲食店（テナント）	S造	37F	216
6	遊技場（BM店）	栃木県	遊技場	S造	2F	3,743
7	中規模公共建築（Y市公共図書館）	山梨県	図書館	木造	1F	2,222
8	中規模工場（SK工場）	埼玉県	工場	S造	2F	1,547
9	戸建て住宅（H邸）	東京都	住宅	RC造	3F	101

著者略歴

柿沼整三 かきぬま・せいぞう

設備設計一級建築士，技術士（建築環境）
ZO設計室　代表取締役，東京理科大学建築学科非常勤講師
工学院大学工学専攻科建築学専攻修了
主な設備設計作品に「名古屋能楽堂」，「鹿沢インフォメーションセンター」，「やいたエコハウス」，「パッシブタウン黒部第1期」
主な著書に『わかる！わかる！建築設備』，『建築断熱の考え方』（オーム社），『NOSTALGIA BHUTAN』，『建築家の名言』，『世界で一番やさしい「エコ住宅」』（共著，エクスナレッジ）など多数

伊藤教子 いとう・のりこ

設備設計一級建築士，博士（工学）
ZO設計室　室長
首都大学東京大学院都市環境科学研究科建築学域博士課程修了
主な設備設計作品に「市原湖畔美術館」，「太宰府天満宮誠心館」，「日本ペンクラブ本部」
主な著書に『クリマデザイン 新しい環境文化のかたち』（共著，鹿島出版会），『建築設備入門』（共著，オーム社），『最高にやさしい建築設備』（共著，エクスナレッジ）など多数

装幀＋本文デザイン：相馬敬徳（Rafters）

- 本書の内容に関する質問は，オーム社ホームページの「サポート」から，「お問合せ」の「書籍に関するお問合せ」をご参照いただくか，または書状にてオーム社編集局宛にお願いします．お受けできる質問は本書で紹介した内容に限らせていただきます．なお，電話での質問にはお答えできませんので，あらかじめご了承ください．
- 万一，落丁・乱丁の場合は，送料当社負担でお取替えいたします．当社販売課宛にお送りください．
- 本書の一部の複写複製を希望される場合は，本書扉裏を参照してください．
 JCOPY ＜出版者著作権管理機構 委託出版物＞

建築設備の極意を伝授！
設備設計スタンダード図集

2017年11月30日　第1版第1刷発行
2024年9月20日　第1版第4刷発行

著　者　ZO設計室　柿沼　整三
　　　　　　　　　伊藤　教子
発行者　村上　和夫
発行所　株式会社　オーム社
　　　　郵便番号　101-8460
　　　　東京都千代田区神田錦町3-1
　　　　電話　03(3233)0641(代表)
　　　　URL　https://www.ohmsha.co.jp/

© 柿沼整三・伊藤教子 2017

印刷　壮光舎印刷　製本　牧製本印刷
ISBN978-4-274-22121-7　Printed in Japan

ここに収録されている図面は，すべて原図通りである．